翻转课堂与英语教学

张园园　刘　丽　著

中国原子能出版社

图书在版编目（CIP）数据

翻转课堂与英语教学 / 张园园，刘丽著. -- 北京：中国原子能出版社，2020.3 （2023.4重印）

ISBN 978-7-5221-0469-0

Ⅰ. ①翻… Ⅱ. ①张… ②刘… Ⅲ. ①英语课－课堂教学－教学研究－初中 Ⅳ. ①G633.412

中国版本图书馆 CIP 数据核字（2020）第 035263 号

翻转课堂与英语教学

出版发行 中国原子能出版社（北京海淀区阜成路 43 号 100048）

责任编辑 杨晓宇　裘　勖

责任印刷 赵　明

印　　刷 河北文盛印刷有限公司

经　　销 全国各地新华书店

开　　本 787 毫米 × 1092 毫米　1/16

印　　张 9.625　　　　**字　　数** 205 千字

版　　次 2020 年 3 月第 1 版

印　　次 2023 年 4 月第 2 次印刷

标准书号 ISBN 978-7-5221-0469-0　　　**定　　价** 54.00 元

网　　址： http://www.aep.com.cn　　E-mail: atomep123@126.com

发行电话： 010-68452845　　

前　言

翻转课堂教学模式被越来越多的人所认识，逐渐被应用于各类学校、各个学科的教学中。在翻转课堂式教学模式下，学生课前在家预习了功课，记下不懂的地方，拿到课堂上与教师、同学讨论后解决问题，化被动为主动，提高了学习积极性。

鉴于此，两位作者合力撰写了《翻转课堂与英语教学》一书。本书分析了英语课堂教学现状，提出了翻转课堂的教学模式，旨在提高英语教学效率和质量。英语教学要体现以学生为主体、教师为主导的教学思想，要培养学生的学习能力，为学生的终身发展奠定坚实的基础。本书对翻转课堂英语教学的含义、特色优势和改革做了初步分析，以期抛砖引玉，供交流借鉴。

本书共有七章。第一章概述了应用语言学与英语教学，第二章从多元化视角对英语语言学理论在英语教学中的应用进行了研究，第三章阐述了英语应用语言学与高校英语教学实践研究，第四章对翻转课堂的概念及特点进行了多维度的探索，第五章论述了翻转课堂与高校英语教学模式研究，第六章阐释了高中英语翻转课堂研究，第七章论述了高中英语翻转课堂的具体应用。

本书有两大特点值得一提：

第一，本书结构严谨、逻辑性强，以翻转课堂与英语教学为主线，对英语教学的方法及模式进行了系统探索。

第二，本书理论与实践紧密结合，对英语课堂教学策略及模式创新进行了分析和探索，以便学习者加深对基本理论的理解。

笔者在撰写本书的过程中，借鉴了许多前人的研究成果，在此表示衷心的感谢！

由于英语教学涉及的范畴比较广，需要探索的层面比较深，笔者在撰写的过程中难免会存在一定的不足，对一些相关问题的研究不透彻，提出的校园文化建设和管理工作的提升路径也有一定的局限性，恳请前辈、同行以及广大读者斧正。

目 录

第一章　应用语言学概述

第一节　应用语言学的界定

一、应用语言学的缘起与发展

（一）单一研究取向的起步阶段

应用语言学思想缘起久远，桂诗春认为可以追溯到圣经创世纪中关于通天塔的神话，在故事中上帝打乱人们的语言，使人们因有了不同的语言而散落于世界各地。从他的这个理论我们可以发现语言教学和语言历史都是由来已久，不同语言之间的不同之处正是语言教学出现的原因（桂诗春，2010：163）。最初，“应用语言学”这个术语由波兰语言学家博杜恩于1870年提出。当时他只是提出了这样一个宽泛而模糊的术语，并未对其研究对象和范围进行明确的界定，也尚未提出一个理论和概念体系，因而也没有在学界引起关注。直到20世纪40年代，随着外语教育和外语学习的需求日盛，外语教学蓬勃发展，尤其是在美国，人们才开始重视应用语言学的研究（夏中华，2012：9），真正地开始关注并探讨“应用语言学”这个概念的研究范畴和范式。毫无悬念，这个时期的应用语言学的研究主要围绕外语教学展开。

（二）多学科渗透的发展阶段

到20世纪60年代，应用语言学进入快速发展时期，于1964年正式确立其学术地位。同年，“第一届国际应用语言学大会”在法国召开，成立了国际应用语言学协会。此后，应用语言学专业及课程开设，相关学术著作、教材及刊物大量涌现，极大地丰富了应用语言学这一学科的内涵。在随后的发展过程中，除了传统的语言教学继续发展之外，应用语言学的一些分支学科也逐渐形成并快速发展起来，如社会语言学、计算机语言学等。应用语言学让语言学与越来越多的学科交叉交融起来，其研究范围不断扩大并向其他学科渗透，与此同时对该学科进行明确定义的难度就随之攀升。

二、应用语言学的不同定义

基于上述应用语言学强大的渗透力，对于应用语言学的研究范畴，目前学术界尚未形成一致的观点。不同的学者从不同的角度提出过不同的看法，对应用语言学的界定在学界就形成了争鸣的局面，常见的定义有以下三种形式。

（一）直接的定义

对应用语言学最直接的看法来自冯志伟，他认为应用语言学是研究语言在各个领域中实际应用的学科，是语言学的一个分支部门。在整个语言学领域中，应用语言学，理论语言学和描写语言学形成了三足鼎立的局面。它们分别属于语言研究得三个不同方面，各有分工，即理论语言学致力于语言一般理论问题的探讨，描写语言学注重对语言具体结构和系统组合规律的描述；应用语言学则关注语言在各个领域中实际应用的规律和功能。（冯志伟，1999：1-2）。

他提出应用语言学具有独立性，表现为它有自己的研究对象及任务；综合性在于应用语言学是跨学科的，语言学知识之外，研究者还要具备有关学科的知识；实用性在于应用语言学旨在解决语言在实际应用中的各类问题从而满足社会需要；实验性表现为与其他自然科学一样，需要科学的实验方法以得出令人信服的结论（冯志伟，10）。该观点得到不少学者如蔡建华、谭汝等不同程度的认同并在相关著作中加以阐述。

（二）形象的定义

关于应用语言学形象定义的问题，于根元曾经举过一个有意思的例子："好比一个轴承，一面是语言本体和本体语言学，一面是发生关系的各个方面，两者之间的一个个滚珠是应用语言学的一个个分支学科，他们相互接触、推动，它们还嵌在一里一外的槽里，都跟槽相互接触、推动。应用语言学主要研究的是所有的滚珠以及跟槽的接触部的动态的规律，包括共性和个性。举例的时候可能举这个或那个滚珠以及跟槽的结合部的情况。"（于根元，2006：16）。

以上的比喻式定义可以用简单图示来进行理解，即首先画上一个大的圆代表语言本体和本体语言学，周围画上与之相交的圆代表不同的学科或领域，周围的圆与中间的圆相交的部分即属于应用语言学研究的范畴。例如，周围的一个圆代表教学，其与中间的圆相交的部分是语言教学，那么它属于应用语言学研究的范围。语言本体和本体语言学与心理学、社会学等学科相交的部分亦可循此图解释。该定义说法形象生动，可利用图解加以理解说明。但之后，作者又对该提法加以调整。后来于根元再一次对应用语言学下的定义是：应用语言学是语言本体研究同语言学之外有关方面发生关系以及应用语言学再应用的学科（于根元，2003：9）。该定义更为凝练、全面并更具有学术性，同时还蕴含了作者关于应用语言学另一个方面的观点，即应用语言学自身有理论，此问题将在下面章节详细论述。

（三）列举式定义

应用语言学的范畴界定，还有如下的看法：大多数的导论及文论都旨在阐述应用语言学所涉及的方面及活动，从而分析并阐明应用语言学的目的和方法（Davies，2007：1）。在难以给出明确定义时，我们可以通过观察该领域的研究人员所从事的研究或进行的活动来探知该领域的研究范畴。具体地，通过观察应用语言学研究人员的研究活动，我们了解到他们关注应用语言学及非洲人和犹太人的读写能力、内容和语言的综合性学习、话语分析、语言和移民、媒介语言、语言政策、语言学习过程中学习者自主性、职场多语现象、多语言的习得与使用、标准语言教育、任务复杂性及翻译等（Davies，2007：16）。通过实践性的活动来给出部分对应用语言学的定义，虽不全面却不失直观。

三、应用语言学理论性的争议

很多的语言学家都秉持的观点是应用语言学这一学科仅仅是对语言学领域的一些观点和理论的实际运用，它本身是不存在任何理论的。这个观点的关键出处是英国的语言学家皮特·科德，他在《应用语言学导论》中指出："把语言学运用于某一对象，或者说，应用语言学（其名称的含义就是如此）是一种活动，不是理论研究，而是把理论研究的成果付诸运用。应用语言学家是理论的应用者，而不是理论的创造者。"（皮特·科德，1983：2）这种观点可能只是当时国外的一种声音，但在中国却十分盛行。中国关于应用语言学同语言理论的关系的主流看法可以从《中国大百科全书》中窥知，即两者密不可分，理论要以实践应用为基础，同时应用需以理论为指导（中国大百科全书，1991：460-61）。

随后，学术界的一些应用语言学家如龚千炎、于根元等获得一些共识并数次在相关论述中说明自己的观点，语言运用及语言学理论的运用都还不是应用语言学。进一步，他们还指出了此观点的重要理据。第一，现实中不会存在任何完善的语言学理论来提供给应用语言学使用。这样一来，应用语言学一般都是在处理实际问题时建立和不断完善该领域的理论。再者，从逻辑上看，应用本身已然包含下位层次上的理论。最后，学术界确实整理出了相当的应用语言学方面的理论，如层次理论、中介理论等（于根元，2006：15-16）。这样的观点被后来不少的应用语言学研究人员所认可、丰富并完善。

四、对上述观点的述评

由于学科的这种性质，在界定上不免会出现两种极端情况。一方面会仅仅关注学科研究的传统重点，即语言教学，从而无法有效涵盖发展阶段不断出现的跨学科研究，界定偏重一方，过于狭窄，无法承载整个学科的研究范围。另一方面，由于几乎任何领域都会使用到语言学，那么但凡涉及语言的应用都会被纳入应用语言学范畴，那由此就可推出应用语言学包含一切的结论。通俗来说，就是语言学是一个什么都可往里装的筐。显然，上述两种情况属界定上过大或过小的偏颇。

通常情况下，当今的语言学界还是用广义和狭义来区分应用语言学的定义。事实上，其范围仍然具有很强的伸缩性。因而这种定义手段也不是一劳永逸的。真正去研究应用语言学时，并非一定要采取某个定义，或许在某个层次或方面，我们可以采用一种说法；而在另一个层次或方面我们可以采用另一种说法更为合理。

现代语言学之父索绪尔致力于确立语言学独立的学科地位，使其与其他学科分离并在语言内部进行研究，从而形成语言的科学。随后的学者艰难探索，不断地发现并建立关于语言的相关理论，使得语言学的学科成果丰硕，语言学的学科地位得以牢牢巩固。一直以来引以为豪的是艰苦创立起来的学科独立性，语言学不再依附于其他学科而存在。随着科学发展的综合化趋势，语言学与其他学科的交叉、交融乃至结合已成为不可逆的趋势，无论这种趋势是否背离了语言学学科建立的初衷。同时，这也表明对应用语言学进行广义层面上的理解已成为大趋势，这也就是该学科以后发展的大方向。

第二节　英语教学课堂语码转换应用语言学

语码转换就是语言交流中，说话主体需要完成从一种语言向另一种语言转换的现象。在英语课堂教学中，教师的语码转换行为是一种潜意识的行为，现在也是教师的一种有效的教学策略。应该适当采用语码转换的教学方式进行教学，促进学生语言能力的提高，活跃课堂的气氛。因此，在英语课堂教学中，使用语码转换一方面可以实现教学目的，另一方面也可以促进学生综合语言能力的提高。

一、课堂语码转换的功能

早在前几个世纪，就有人开始利用应用语言学的理论研究课堂语码，探讨在英语教学使用语码教学的意义。随着近几年研究越来越深入，课堂语码的概念被越来越多的人所理解。首先课堂语码转换研究的方向是课堂语码转换的概念的建构。“语境暗示”可以分析在英语教学课堂中，教师和学生之间的双向互动，体现课堂教学主体的变化。随后“语码并置”的概念解释了语码转换的环境多样性，强调对课堂语码的研究应该在社会语言环境下，因为人们日常的话语会影响到课堂内的语言表现。因此，在研究课堂语码时，应该考虑到方言学因素和社会语言学因素。课堂语码的转换功能主要表现在以下几个方面。

（一）文本讲解

传统的语码转换就是教师在教学过程中利用语码转换，帮助学生理解教学的内容。语码转换主要涉及课文所进行的讨论，教师对教科书的讲解，语码转换在其中发挥重要作用。比如，香港学者经过研究，发现语码其实承担的是“评注”的作用。如果在中文的语境下，用粤语解释“气候”这个词语比英语讲授这个词语更为深刻和准确，那么，教师在讲授英语单词前，应该先用粤语进行详细的讲解，再使用英语，帮助学生更好地掌握其内涵。因此，在传统的全程英语教学过渡到语码教学的过程中，或者说在学生还不能完全适应英语语境和掌握英语资料的情况中，应该使用语码教学，帮助学生建构知识框架。

（二）优化课堂管理

在课堂管理中使用语码转换，可以激发学生的学习积极性，规范学生的学习行为。在课堂教学中，语码转换可以实现课堂话语的控制，语码可以促进课外活动和课堂教学的连接，使课堂的教学内容扩展到课外问题。对于外语课堂上的道德教育，教师也应该引起重视，不仅采用英语来教育学生，还应该在母语的语境里，以中国的价值观为标准，规范学生的行为。语码在这个时候就有了转移学生注意力的作用，尤其是在课文新主题出现的时候，就可以采用母语教学，端正学生的价值观，然后采用英语教学，辅助学生的道德教育。

（三）促进学生之间的人际沟通

在人际沟通中，语码转换主要功能是促进学生之间的交流合作，创造一种和谐、轻松的课堂氛围。现代教育都提倡素质教育，因材施教。因此，应该依据学生不同的个性特点，适当使用语码教学，促进学生之间的交流。从社会互动的理论来看，课堂不仅是学习的地方，还是社会交往的地方。教师和学生都处于一个严密的社会关系网络中，因为自身不同的身份定位，营造出一个精彩的情感环境。在应用语言学者看来，在正式的课堂教学中，英语代表的是正式的师生关系。在本地语言环境中，母语代表的是亲密的师生关系。因此，进行语码转换，有利于增进师生之间的感情。教学经验丰富的教师会在适当的时候使用本地语言教学。

二、课堂语码转换研究的应用学意义

目前，在实现课堂语码转换中，运用应用语言学研究有以下几大建议：

在英语课堂教学中，应该严格控制语码转换的力度，不应该过度，坚决避免任何形式的话语码的教学。这是建立在学生长期只学习一种语言的基础上的，学习母语和英语的效果应该会很好。提倡使用英语而不是使用混合语码教学是为了促进学生对英语的理解。但是，也有很多学者持反对意见，一些学者认为，同时使用多种语言还可以促进而非妨碍语言的学习。语码教学是当代英语教学中一种有效的教学策略。目前，语码转换不仅在英语教学中广泛使用，还在任何陌生的外国语言教学中使用，因为语码转换可以解决采用陌生语言进行教学的困难。语码转换之所以存在，是因为语言教学活动是一种需要激情和毅力的教学活动。教师需要不断唤醒学生的学习积极性，使学生对陌生的语言保持学习的兴趣。

可以接受两种语言同时出现，但是在进行语码转换时需要有系统性。这种观点是建立在两种语言的协调作用下，语码转换并不是随意和武断的，而是在系统的指导下形成的。Jacobsen 是这一观点的创始人，他主张首先要对教师进行培训，让教师学习在相应的暗示动作下，完成语码转换。这种理论说明了大部分的语码活动都是在潜意识下进行的，不规则的语码活动是不合理的教学活动。

使用语码转换的观点，增强在英语课堂教学中的语码转换意识，这种观点是基于现实存在的语用实践提出的。有一些研究者认为，在教师培训中，应该适当提高英语教师语码转换意识的训练，使教师在社会环境和课堂环境中顺利完成角色的转换。强调语码转换的积极意识主要因为语码教学可以帮助学生更好地理解课程的内容，规范学生的行为，营造一个良好的课堂氛围。最后，语码转换就相当于普通的语言交流，可以增加交流双方之间的感情。

三、我国英语教学课堂语码转换应用的必要性

我国传统的英语课堂一直提倡全英语授课。一些教育学者认为教师如果用母语教学就会剥夺学生使用外国语的权利。所以对英语教学课堂语码转换持反对的态度。随着英语教学的发展，国内外研究英语教学课堂语码转换取得了很大的成果。许多学者逐渐改变了传统的观点，逐渐认识到在外语课堂上使用母语对课堂教学有一定的促进作用。把课堂语码转换引入课堂教学势在必行，但是需要考虑到以下三个问题。

（一）汉语和英语之间的“空缺”制约

英语和汉语属于不同的文化体系，产生的环境不同，这就导致了语言在转化的过程中出现语言空缺的现象。为了解决这个问题，就要实现语言的转码。例如对中国特有的服饰“旗袍”的表述，在英语中并没有相应的词语与之对应。如果坚持使用英语释义，不仅会浪费时间，还会出现指代不明的情况。还有中国的唐诗宋词也很难通过英语表现出来。同时，因为两个文化的背景和思维差异，话语中看似相同的词语其实有着不同的释义。

（二）学生的语言能力有限

由于学校的英语教材不是完全依照学生的实际语言能力编制的，英语教科书中的部分教学内容对学生来说很难理解。因此，在编写英语教材时，应该考虑到学生的语言能力。教师在课堂教学时，也应该顺应学生的语言能力，在培养学生英语语感的同时，也要适当使用语码转换来降低跨语言学习的难度。例如，在学习英语中，如果遇到汉语的专有名词、语法术语难以用英语表述，就要先用汉语解释，再用英语强调。同时，在教导语言能力基础比较差的学生时，应该加大语码转换的层次和力度，促进他们更好地理解英语语法、培养语感。在讲解英语单词时，也应该加强汉语的提示和释义，这样有利于促进学生对英语信息的接收。

（三）使用英语全程教学的效应有限

在英语课堂教学中，很多学生羞于开口说英语，因为他们有心理障碍，很多学生担心在全班同学面前讲英语会出丑。另外，教师和学生之间也存在着心理上的距离。在传统的英语课堂教学中，教师和学生并不是平等的关系，所以学生和教师之间不能实现有效的沟

通。英语课堂需要师生之间实现双向互动，一些有经验的英语教师应该在学生取得进步时，用母语对学生进行表扬，拉近和学生之间的距离，调动学生的学习积极性，创造轻松的课堂氛围。因此，在英语课堂中实现语码教学可以唤起学生的学习激情，教师可以利用母语唤起学生的注意力，激发学生的学习积极性。其实，在英语课堂教学中，很多英语教师使用了语言转码教学却没有意识到，这也说明了教师在心理机制的驱动下引发了课堂语码教学，促进了课堂语码在英语课堂教学中的应用。

第三节 语料库语言学与英语专业基础英语教学

合理遴选契合学生具体学情以及谙合其英语知识体系的教材，是高校英语专业基础英语教学取得实效的保障。举例而言，现行英语教学大纲对每个年级学生的词汇量水平均做出了细致的规定。基于达到教学大纲所规定的学生识记词汇量水平的考量，教材的编写体例能够实现对学生应当掌握词汇的全方位涵盖显得尤为关键。同时，基于使学生强化词汇识记的考量，教材必须使词汇在教材内容中保持足够的重复频次，唯有如此，方能使学生实现对词汇的强化记忆。通过语料库软件能够满足前述教学要求，而教材的编撰者也能够依托对语料库的应用，在教材中设置以真实语言素材为基础的教学练习内容，如此便使学生获得了解和掌握英语实际运用特点的学习契机。

一、语料库与语料库语言学的概念

从语料库所储存的材料类别来看，均为在现实社会交往中实际运用的相关语言素材，语料库依托计算机技术和数据库技术实现对相关语言素材的存储。并非所有语言素材均能够被语料库收入其中，唯有对现实语言素材加以加工处理，方才能够将之作为收入语料库的语言素材。从对现实语言素材加工处理的角度看，计算机技术是实现这一目的的主要途径。有研究者根据语料库所收录的语言素材的不同，将语料库界分为下述类别：（1）异质性语料库。此种语料库不加筛选地收录语言素材；（2）同质性语料库。此种语料库以同类别语言素材为收录对象；（3）系统性语料库。此种语料库根据先期设定好的标准实现对语言素材的收录；（4）专用性语料库。此种语料库收录用于特定用途的语言素材。从语料库的特征来看，其存储的语言素材乃是在现实社会交往中被真正应用过的语言，同时唯有经过分析和处理的真实语料方才能够被收录于语料库之中。

从语言学的研究视角来看，语料库所收录的语言素材为相关的研究提供了丰富的素材。有研究者指出，语料库语言学已经具备成为独立学科的基础，原因在于其已经形成完备的理论架构与操作模式。考虑到语料库语言学建立在真实的语言素材基础之上，因而通过对语料库的精细研究能够扩展和加深现代语言学研究的广度和深度。另有部分研究者持不同意见，认为语料库语言学实质上表现为语言学的研究范式之一。依托此种研究范式，能够轻易解决借助其他方式无法解决的语言学问题。因而可以说，此种研究范式为语言学研究者提供了全新的解决问题思路。此外，语料库语言学依托对所收录的语言素材的统计分析，故而其具备了较强的实证性。

现今，语料库研究的兴起，使得语料库语言学得以问世。此种语言学建构在语篇素材之上，依托对语言用法的分析，实现对语言使用模式的洞见。从语料库语言学的学科发展历程来看，其自 20 世纪中叶兴起，至今已渐成显学，并且越来越多的研究者相继投入对这一学科的研究之中。结构主义语言的深入研究推动了语料库语言学的学科发展。夸克在 20 世纪五十年代末开始着手英语语料库的研究，进而凸显自然语言素材的价值效用。同时，夸克按照语料库所呈现出的语言事实为依据，对彼时的语言学相关理论进行批驳，并在此基础上创设了全新的语言学研究范式，这一事件标志着语料库语言学的诞生。因此，从学科系统性角度看，语料库语言学目前仍然应当定义为语言学研究的子部门学科，原因在于语料库语言学所使用的相关概念和术语依然来自传统语言学范畴。

二、语料库语言学在英语专业基础英语教学中的重要作用

语料库语言学就是指依托源自现实生活的语料素材和资源实现对语言研究的专门性学科。该学科始创于 20 世纪中叶，随着近年来语言教学对语料库语言学的普遍重视，其对传统英语教学发挥了重要的影响效用。考虑到语料库乃是创设于真实的语言素材之上，因而其表现出客观性与可证性特质。通过在高校英语专业基础英语教学中引入语料库，能够使以往高校大学生的被动英语知识学习状态得以转变，激发学生的自主探究意识。同时，英语专业教师也不再局限于先前的课堂主导者的角色定位，而转变为学生自主探究英语知识道路上的引导者。通过教师的引导，学生能够借助语料库所提供的语料检索和分析功能，自行实现对英语疑难知识的解决。语料库所具备的客观性与可证性特质，使学生能够实现对英语语料的直观认知，由特定语境实现对相关语义的洞悉领悟。除此之外，因语料库所提供的检索功能需要学生独立完成，故而学生在这一过程中实现了对英语知识的自主性主动探究，进而使学生更好地实现了英语知识内化。

三、语料库语言学在英语专业基础英语教学中的应用

按照教育部制定出台的《大学英语课程教学要求》相关内容的规定，高校应当充分利用现代化的信息技术手段作为英语专业基础英语教学的资源性保障要素，依托能够效度化满足大学生个体学习诉求的教学模式构建，使大学生在英语学习过程中彰显其主体性学习地位，进而使高校大学生的英语实际应用能力得以切实提升。从现今国内高校英语教学的践行情况看，尽管大部分教师所采取的教学方法同先前相比有了明显的进步，然而现行英语教学大纲、教材中教学难点内容与教学重点内容设置等方面依然或多或少的遵循着先前

的教学模式，此种情形极大的阻滞了高校英语专业基础英语教学质量的提升。依托现代化信息技术构建而成的语料库语言学，使英语专业教师的教学方式得到了更多的选择空间，同时借助计算机数据分析、统计的语料库教学资源的构建，为现今国内高校英语专业基础英语教学提供了全新的教学发展路径。张锐的《基于语料库与非基于语料库的大学英语课堂教学对比研究》提出："在英语教学中使用语料库及语料库语言学的研究成果或使用语料库语言学方法在外语教学中正在形成趋势。"蒲松龄《语料库语言学在大学英语教学中的应用》则认为语料库语言学能"促使学生在观察真实语料的过程中能分享、讨论、发现、归纳、修正，从而提升其自我监控意识和自主学习的能力"。

（一）教学大纲的设计

教学大纲是教学的导向，是教学关键的环节。在英语专业基础英语教学中，教师要充分应用语料库语言学，就需要从教学大纲入手进行设计，因为语料库语言学的频率分布与语域信息能够使教师在大纲设计时有一个更好地参考，教师可以根据具体的与课堂教学有着相关性的语料库对教学大纲进行相关的设定，据此明确与目标语域相关的语言项目，并结合课堂实际，设计出具体的符合课堂教学需求的教学大纲。

（二）教材的选择和编写

语料库语言学在英语专业基础英语教学中的应用主要包括设计教学大纲、选择教材及编写教材、教学活动三大部分。

（三）课堂教学活动

课堂教学活动一般情况下主要包括词汇教学、语法教学和翻译教学，这些教学活动中都可以应用语料库语言学。

1. 词汇教学

语料库语言学的创设问世对英语教学模式的创新意义重大。尤其在词汇教学过程中，语料库所涵盖的大量语料资源及其所提供的检索功能日益引起英语教育工作者的高度关注。举例而言，固定搭配是高校英语教学的重点内容。在以往的教学中，教师只能带领和要求学生进行机械记忆，现今，CLEC 和 BNC 两大主要语料库成为新型的教学范本。例如，在词序的教学中，"such"或"so"与"a/an"、形容词、名词的搭配顺序，往往是令学生感到较为困难的词序，而结合 CLEC 和 BNC 两种语料库可迅速地解决这一难题，显著提升教学效率。通过在语料库中输入 such 或 so 进行相关查询，便可以直接找到带有这一固定搭配的英语例句。

2. 语法教学

语料库对于高校英语语法教学同样意义重大。依托语料库的现代英语语法教学模式遵循的是"描述性语法"理念，即借自然语料实现对英语语法规律的表现，这样便使学生能够接触纯正的英语，使其交际感知能力得以强化。英语语言教学并非追求学生英语测试成绩，而是致力于使学生具备英语实际应用能力。现今个别语法研究者基于某种观点说明的考量而自创语句，然而其所创造的语句过于理想化，极易将个人的语法习惯生硬的置于语言表达之中，进而导致对真实语言运作的扭曲。为规避此种情况，高校英语教学应当依托真实语料资源展开教学，此种教学模式依托对真实语料资源与素材的应用，改变了传统语言学中人为创设语言表意的模式，使学生获得更为真实、直观的英语语言学习体验。可以说，通过此种教学模式使学生不再背负对语法结构的机械识记压力，让学生感知真实语料资源和素材，强化了其对英语语法的研习兴趣。同时，英语教师还能够组织学生依托对语料库的合理运用，实现学生对英语语法规律的自主探析。通过这样的英语教学模式创新，改变了以往高校英语教学中教师单向度知识传授、学生被动接受的局面，使学生对英语知识的自主探究成为可能。虽然一些语言学研究者认为语法结构表现出封闭性特质，然而考虑到英语中的固定搭配表现为线性形式，同时英语词汇的实际应用亦非一成不变，故而，英语语法规律同样应当是动态化的。鉴于此，高校英语教师在教学组织中，必须依托现实情境的创设，使语法焕发出应有的生机与活力。

3. 翻译教学

以往的翻译理论多将单独的生词视为语言翻译过程中的基本构成部分，然而基于实践层面审视能够发现，对于多生词的组合，抑或是固定搭配，则不能以生词作为基本构成单位进行翻译，而是应当将其作为整体加以翻译，如此才能够保证翻译的精准性。鉴于此，在使用计算机进行辅助翻译过程中，应当借助语料库，以实现对翻译速度地提升。此外，依托语料库的形式，能够实现对多生词组合的高速翻译，因而能够使双语词典的编纂工作得以高效进行。

四、使用与语料库相配套的教学法

语料库的普遍使用为改进教学法创造了有利条件，它增强了教学的灵活性，使教学过程发生了极大改进，在研究语料库的基础上，促进了个性化教学并提高了学习的自觉性。因为语料库里面应用的言语，都是选自于生活用语，这样，就防止了教学当中过多地使用自创语句，并能防止夹杂一些令人感到惊奇的表达。对于国内现阶段的英语教学来讲，就是防止其中掺进过多的中文思维方式的英文表达，语料库里面包含着各方面众多的现实语料，这就使得教学当中应用的素材更加丰富了，提高了教学的现代化程度。此外，学习英语的人员若是把语料库里面的言语 internalize（内化）为自用的素材，则不但熟悉了语法与用词，同时，内化了词语所具有的文脉沿袭。在目前的教学中，就是要注重让学生多借助语料库进行“内化”，而非在语言中使用“自创”的素材。我国社会环境、经济环境不断变化，对人才培养的需求趋于多元化，英语类专业学科也不例外，多元化发展趋势极其显著，加之《英语类专业本科教学质量国家标准》的颁布，使英语教学面临着新的机遇与挑战。在这一新背景下，如何结合社会发展情况、院校特色以及学生特点，建立英语类专业教学质量的统一标准，如何创设能够培养英语能力扎实、满足不同需求的高素质人才的英语课程，成为当前英语专业发展的核心问题，有待相关教育学者进一步研究。

第四节　翻转课堂模式与英语专业语言学课程教学

“翻转课堂”译自“Flipped Classroom”或“Inverted Classroom”，是指重新组织安排课堂内外的学习任务和学习时间，将学习的决定权从教师转移给学生。在这种教学模式下，学生通过观看视频讲座、听播客、阅读等方式完成知识点的课前自主学习，并可通过网络与其他同学进行交流讨论。而课堂时间得以重新分配，在课堂上教师的角色从内容的呈现者变为学习的组织者、参与者和指导者，课堂时间主要用于教师同学生进行交流、回答学生的问题、参与学生学习小组的学习、对每个学生的学习进行个别指导等。可以说，“翻转课堂”模式是对基于印刷术的传统课堂教学结构和流程的彻底颠覆，是对教师角色、课程模式的巨大变革。本节要探讨的是翻转课堂模式在英语语言学课程教学中的应用。

一、在英语语言学课程教学中应用翻转课堂模式的适切性

根据《高等学校英语专业英语教学大纲》(2000)，英语语言学是英语专业知识课程，其目的是“使学生了解人类语言研究的丰富成果，提高其对语言的社会、人文、经济、科技以及个人修养等方面重要性的认识，培养语言意识，发展理性思维”，“语言学课程的开设有助于拓宽学生的思路和视野，全面提高学生的素质”。

鉴于英语语言学课程的重要性，自20世纪80年代以来，各高校的英语专业基本都开设了英语语言学课程，课程的教学模式也经历了许多发展变革。传统的教学模式强调教师的课堂讲解，学生被动接受理论知识，难以激发学生的学习积极性，教学效果较差。因而许多教师、学者都对英语语言学课程教学模式进行了研究。据统计，1984年到2013年，“探讨教学方法改进方面的论文……共119篇”。涉及的创新教学方法主要有基于建构主义的教学方法、研究性学习、任务型学习、合作学习、讨论法等，这些教学方法都以培养学生的探究意识和能力为课程目标导向，力图发挥学生的主观能动性，倡导语言学教学应从以教师教授为中心转向以学生学习为中心。一些研究还探讨了多媒体网络技术在英语语言学课程教学改革中的作用，例如鞠玉梅探讨了以多媒体网络技术为基础的语言学导论课程研究性教学模式的构建。所有这些英语语言学课程的创新性教学模式，尽管倡导学生在学习中的参与性和主动性，但由于英语语言学课程理论性较强、内容较抽象，如果把知识点的传授主要都寄托在教师的课堂授课上，课堂上教师“教”、学生“学”的角色地位没有根本性的变化。而翻转课堂模式彻底“翻转”了课堂教学的结构和流程，“翻转”了教师和学生在课堂内外的角色和地位。教师在上课之前把教学内容制作成教学视频传到网上，学生事先自主完成视频的观看学习，而课堂时间则用于师生间、学生间对学习难点、扩展性问题、作业的讨论，从而使学生对所学内容有更深入的理解。针对英语语言学课程抽象概

念多、理论性强、对学生的理解能力要求高等特点，这种课内外教学流程的“翻转”能有效提高课堂教学效果和学生的学习效果。

翻转课堂模式应用于英语语言学课程教学的优点主要有：第一，提升了学生学习的弹性，强调学生的主体地位。传统的英语语言学课堂教学主要是教师讲授知识、学生听讲，由于课程内容理论性较强，而话语转瞬即逝，学生稍有分心、思维稍慢或是理解能力稍弱，都可能对某些内容没有听懂或是一知半解，进而又影响接下来的听课。采用翻转课堂模式，学生在上课前完成教学视频等资源的观看和学习，学习不受时间、地点的限制，学生可以根据自身的学习特点安排学习进度，满足学生个性化学习的需求，学习过程中学生可以随时暂停或者重复观看，对疑难点进行反复思考或查阅更多资料或相互讨论以帮助理解。第二，丰富教学内容，提升课堂教学效率。在以教师课堂讲授为重点的传统教学模式下，课堂时间里教师忙着把课程教学内容讲授完，答疑时间少，扩展内容有限，且不可能关注到学生个体的学习情况。采用翻转课堂模式，学生在课前已经对学习内容有了大体上的掌握，课堂上的时间可以用来解决学生在自主学习中留存的疑难点，开展师生、生生交流讨论，使学生对所学内容有更深入的理解，使教学符合学生个性化发展的需求。此外还有剩余的时间可以用于拓展外延性、多元化知识，让学生更多地了解英语语言学领域的新研究成果。第三，注重分析能力和问题解决能力的培养，强调过程评价。传统的英语语言学课程模式下，教师每堂课只能对上堂课所教内容做简要复习，主要检查学生对语言学知识点和理论的识记，而对知识和理论的应用涉及较少。采用翻转课堂模式后，课堂上教师从知识点的讲解中解脱出来，课堂时间内教师更加关注学生对知识点的掌握和存在的疑问，通过布置分析应用型任务，教师既可以了解学生的课前自主学习情况，又可以促使学生运用所学知识分析、解决问题，培养学生的分析能力和问题解决能力。教师组织并参与学生小组学习和讨论，教师可以观察学生的课前学习情况和课堂表现，学生之间可以相互评价打分，通过师生、生生互动来评价学生的学习发展，而不是单一通过考试来考核学生，这能有效激发学生平时的学习积极性，而不是在期末考试前一周才熬夜背书。

二、基于翻转课堂模式的英语语言学课程教学设计

美国富兰克林学院的罗伯特·塔尔伯特教授在其所教授的“线性代数”等课程中实践了其所设计的翻转课堂教学模式，他将翻转课堂的实施分为课前和课中两部分，课前学生观看教学视频并完成针对性课前练习，课中进行快速少量的评测、解决问题从而促使知识内化、总结与反馈。而国内沈书生等认为塔尔伯特的模型不够完整，只包含课前和课中两部分，没有涉及课后部分，进而提出以课外和课内替代课前和课中的分法。借鉴上述两种教学设计，本书所述英语语言学翻转课堂教学模式关注课前、课中以及课后 3 个阶段。

（一）课前阶段

课前阶段的活动主要有观看教学课件（视频）和完成课前练习。教师根据教学目标和

教学内容的难点、重点制作课件并录制教学视频，通过图表、图片、动画、举例子等多种方式生动细致地呈现教学内容，并设计涵盖主要知识点的基础性课前练习。教师将课件（录像）上传到QQ、微博或其他网络平台，要求学生在课前预习教科书的相关章节，下载或在线观看课件（录像），理解和识记相关理论和概念，并在此基础上自主完成相关课前练习并提交给教师，从而检查自己的学习效果并发现存在的疑难问题。教师针对每一章节的学习内容给出参考资料，鼓励学生通过图书馆、互联网查阅参考资料，自行解决疑难问题，同时鼓励学生通过网络平台同其他学生以及教师进行交流，加深对知识点的理解，解决疑难问题。以《新编简明英语语言学教程》人类语言的概念和特征为例，课前教师制作课件（视频），讲解各学者对人类语言所下的定义，并举例分析人类语言的一般定义和主要特征。学生在观看课件（视频）的基础上，完成教师布置的基础练习题。同时，教师给学生列出研究人类语言的著作和文章，启发学生思考人类语言的起源、功能以及区别于动物语言的原因等，并鼓励学生与同伴和教师通过网络平台进行讨论。

（二）课中阶段

教师灵活设计、组织课堂活动，以检查学生课前学习任务的完成情况以及学生对知识点的掌握，激发学生的学习积极性。课堂活动的第一项是教师随机抽学生做课堂汇报，汇报课前学习的收获、练习的完成情况以及学习中存在的问题。在此基础上，教师归纳记录学生汇报中提出的主要问题，并连同教师事先准备好的问题，作为学生课堂小组活动的主题。学生自由组成四到五人的小组，选定小组长，小组长负责组织组员就教师布置的问题发表看法、进行讨论、最终达成共识。在小组讨论过程中，教师对学生的讨论活动加以引导和提点，督促小组中每个同学都要参加到讨论中去。小组讨论后，每个小组指派一名学生针对教师指定的一个问题进行观点展示并回答来自其他小组的提问，对于一些分歧比较大的问题教师可以组织持不同观点的小组或学生开展辩论，激发学生的学习热情，培养批判性思维能力，教师在此过程中也可以提问或发表自己的看法，帮助学生理清思路。如果某些章节的内容比较简单，学生在课前学习已经对知识点有了较好地掌握或者课堂讨论很快就解决了疑难问题，在剩余的课堂时间里教师可以介绍一些扩展性的知识，例如讲到人类语言的概念时，可以补充介绍世界上语言的时空分布，即语言的历史发展和语系分布，以及区别于自然语言的动物语言、电脑语言、身体语言等，丰富学生的眼界。

课中阶段的另一项重要内容是学习效果评价，包括教师评价和同伴评价。整个课堂教学过程中，教师除了引导和组织课堂活动之外，还要观察各个小组每位学生的表现，对学生的课堂表现进行评价。此外，课堂教学结束前教师还要组织学生通过手机等移动通信设备对本小组其他同学的课堂学习表现进行评价。同伴评价和教师评价的结果将作为评价学生该门课学习成绩的重要依据。

（三）课后阶段

课后阶段的任务主要包括课后作业和评价反馈。课堂教学结束后，教师在总结课堂学习成果的基础上，可以发布一些具有研究价值的问题，作为课后作业，让学生选择一个问题结合语言实践进行具体的调查、分析，以书面报告或小论文的形式提交。而评价反馈既包括教师对学生的反馈也包括学生对教师的反馈。一方面，教师要对学生的同伴评价进行统计、记录，连同教师评价一起反馈给学生，督促学生自省，帮助学生改进学习方法，改善学习效果。另一方面，教师要主动征询学生对于课前、课中各项活动的意见看法，调整并完善教学设计，更好地发挥翻转课堂模式在语言学教学中的优势。

三、在英语语言学教学中实施翻转课堂模式的要点

要充分发挥翻转课堂模式在英语语言学教学中的优势，关键在于教师，翻转课堂模式下的教学对教师的教学能力提出了更高的要求。

（一）翻转课堂模式要求教师熟练应用网络教学设备，具备良好的信息化教学能力

在深入分析教学目标和教学内容的基础上，教师要能够设计制作教学视频，并利用网络平台发布教学资源、掌握学生的课前自主学习情况、引导鼓励学生积极讨论交流。课前阶段的自主学习是课堂教学活动的基础，如果有学生没有按时完成课前学习，或者由于语言学知识理论性较强，一些学生通过自主学习没有掌握相关知识点，这些学生将难以有效地参与课堂教学活动，那么翻转课堂模式的教学效果将大打折扣。因此，教师要在课前阶段通过信息网络平台积极跟学生交流沟通，督促每位学生完成课前自主学习任务，并及时为自主学习有困难的学生答疑解惑，帮助他们提高课前自主学习的成效，为课堂阶段的自主学习成果展示以及小组讨论做好准备。

（二）翻转课堂模式要求教师具备良好的课堂组织、管理能力和广博的专业知识

在翻转课堂中教师要组织学生进行课前自主学习成果汇报、小组讨论、小组间成果交流展示等各种活动。一方面教师要积极引导和激发学生的主动性和参与性，让学生真正成为课堂学习活动的主体，尤其是那些不喜欢发言或者对语言学缺乏兴趣的学生，教师在课堂的小组活动中要特别关注他们，进行一对一的交流辅导，鼓励和督促他们参与到课堂活动中。另一方面，教师还必须能够有效地管理课堂秩序，引导学生针对教师布置的语言学问题开展交流讨论，以免学生偏题、跑题从而没有达到预期的学习效果。此外，翻转课堂模式下的课堂教学效果很大程度上还取决于教师专业知识的深度和视野的开阔程度，翻转课堂模式下的英语语言学课堂教学不是照本宣科，而是学生的集思广益，学生可能会提出关于语言的各种问题，而教师只有具备精深的专业知识和开阔的学术视野，才能更好地给学生答疑解惑、引导学生探究语言现象。

（三）翻转课堂模式要求教师确立新的评价理念

为了激励学生积极完成课前自主学习、课中各项活动以及课后任务，教师必须转变传统语言学课程模式一味强调学习结果的评价方式，应更多关注学生的学习过程，考查学生课前自主学习情况、课中的参与情况以及课后扩展作业的完成情况，考虑学生学习态度、学习方法等方面的发展变化，从而给出综合性的学习过程评价。

第五节　讲授法、角色扮演与英语教学研究

一、讲授是学校教学最重要的传授办法

开展讲授教学就是从基础内容做起，从培养学生的自主学习动力做起，让学生更快更好地接触英语，从大环境出发让学生改变学习观念与意识，提高学生的融会贯通能力。例如在学习中开展举例教学方法，让学习中充满乐趣，在案例教学中引入一定的学习思路，给学生提供一种想法，提出鱼的世界的故事撰写，让学生通过想象鱼的世界的样子，感受一些关于鱼的内容，去想象鱼的故事的撰写，通过自主撰写鱼的故事，提高英语能力的应用能力和应用效果。在英语的探究学习过程中，讲授要对老师的要求有很高标准，老师要认识到学习的重要性方向，带领学生追求趣味教学，追求学习乐趣。让学生分组学习，组成学习小组相互请教，形成很好的教学氛围，让学生从被动学习到主动学习。

二、角色扮演法

角色扮演法指的是在教学活动中，教师带领学生进行互动性的教学活动，组织学生开展情景模仿，选择某一个电影的片段为主，进行模仿，让学生们组成不同的小组，按照自己的创新思路去模仿这个电影场景，通过模仿电影场景学习英语知识，掌握英语对话的技能和技巧，让英语的运用得到推广和应用。在角色扮演中，可以分配不同的角色，一些学生可能会一开始比较盲目，不知道如何开展角色扮演，教师可以先给学生们一些角色的信息定位，比如主角、配角，协助者、旁白等等，这样的练习可以帮助学生更好地理解学习场景和内容，在课堂上还可以组织英语辩论比赛和英语朗诵比赛，根据学生的观点和自身情况进行分组，让学生充分参与到英语朗诵之中或英语辩论之中，例如在辩论中正反方辩手要考虑到双方的问题，还要思考如何用英语回答对方的问题，让学生拥有一种紧迫感，随时考虑如何运用英语回答对方的问题，考虑语言应用的技巧和技能。通过应用培养学生的成就感和责任心，让英语知识更快更好地融入学生的生活中和学习过程中，让他们自己体会英语学习的乐趣。

中学英语教学的主导方向就是要提高学生的积极性和主动性，让学生的学习从传统的

被动学习转移到主动学习的基础上，提高和培养学生的学习综合能力，在中学英语教学中加入激励机制，鼓励学生开展良好的行为用语。例如在教学中加入学生英语交流时刻，让学生主动交流英语知识，培养英语爱好，大力提倡学生的交际英语能力，模仿各种场合和使用环境让学生喜爱英语热爱英语，培养他们良好的英语试音，例如广播试音，宣传试音。在广播中或试音的过程中，加入爱国主义的翻译文章，使学生受到思想品德、爱国主义和社会主义等方面的教育发展学生的思维能力和自学能力，为英语推广和学习奠定基础。对学生进行听、说、读、写训练，培养学生运用英语的能力是为交际打好初步的基础。英语的学习要打好坚实的基础，培养热爱英语的情怀，帮助学生提高自我的英语能力和素质，避免学生直接使用理论英语，让英语变成灵活的英语，加强队伍建设让老师和学生亦师亦友，相互交流，甚至交流中英双语，一遍对话中要找出问题，并改正问题，形成认识。两种语言在语音、语法、词汇三方面相差甚远，两种语言的形态、结构有很大差异。这导致学生在学习英语过程中难点多，形成语言能力和言语能力的困难多。所以，为了打好初步的基础，对中国学生来说，必须学好英语的语言结构，这样才能形成组词成句、组句成篇的能力，这样才能形成举一反三触类旁通的能力。当前初中学生学英语，由于使用新教材，学生的听说能力似乎有很大增强。但有的学生的听说能力范围只限于书本上的话，把书上的话稍加变动便听不懂说不出来。产生这种现象的原因是语法问题没有解决，语言能力源于语法知识。语言能力包括理解和表达两个层次的内容，理解在先，表达在后。语言的表达效果需要不断被重视，认识到了语言的价值，加入语言的热爱程度和热情，才能让语言真的被人们所接触，语言的效果才能真的得到发挥，让学生们更加热爱语言的应用，提高教学体系的构建人性化基础，提高教师的教学应用能力，改善学生的学习效果和思路，提高外语的使用交流，让学习变成一种享受过程。同样的这样的一种教学方法的引导，也是学生的一种享受方式，也能让学生得到成长和关怀，让学生学会共享和交流，分享学习到的精髓，认识到英语交流的重要性价值。

只有通过多种锻炼，提升学生的英语语言能力，改善学生自身的学习动力，才能让英语在学生群体中得到推广，语言的理解能力和英语的应用能力得到很好的推广，让学生对英语很快得到适应，提高学生的学习动力，更好地带动学习行为，提高学生自觉性效果，改善英语学习方法。

第六节　英语阅读中应用系统功能语言学语篇理论

目前，系统功能语言学已经成为全球重要的语言学派，该学派应用于英语阅读教学中要求学生必须积累词汇量，激发学生学习英语的兴趣，增强学生对阅读语篇的理解和记忆，进而提高英语阅读教学效率，实现有效教学。

一、英语阅读教学现状分析

（一）学生学习兴趣不高

在很长的一段时间里，学生受到传统教育模式的束缚，学生英语阅读的能力一直都比较差。在英语阅读过程中出现词汇缺乏，语言不顺畅等现象。相对而言，学生的英语阅读经验比较少，所以英语阅读的次数也比较少。除此之外，英语阅读也比较死板，没有新鲜的花样，学生学习阅读的热情和积极性不高。

（二）阅读材料缺乏时代感

虽然现在市面上和教育行业都会有一些专门关于阅读的书籍，但是都是比较死板的在论述，英语教材内容也缺乏时代感，都是比较陈旧的内容，还有些书籍里面存在大量的错误，所以根本不适合教师进行阅读教学使用。

（三）教师缺乏实际经验

在传统教学模式下，教师对于学生的教学是起到了一个主导作用，教师的教学水平直接关系到阅读教学质量和效率。但是，现在一些学校英语教师虽然是语言专业的，但是没有真正研究阅读教学，也就是说教师都没有真正阅读的经验，所以对于阅读教学严重缺乏经验。如今，很多教师都在使用传统的教学方法进行授课，在传统的教学模式下，教师是主导，学生被动地进行学习，学生无法参与到教学中，其主体性得不到发挥，导致学生失去了学习的兴趣，教学效率低下。学生正处在成长和发展的关键时期，对任何事物都充满好奇，传统的教学方法无法满足学生的学习需求，阻碍了学生的成长和发展。在阅读教学过程中，教师过于注重书本知识的讲解，无法把书本内的知识和生活实际联系到一起。

二、英语阅读中应用系统功能语言学语篇理论的意义

（一）增强激发学生学习英语的兴趣

应用系统功能语言学语篇理论，可以大大增强学生对英语学习的兴趣，活跃课堂的气氛，应用系统功能语言学语篇理论可以在英语教学课程中设置一些英语学习相关的游戏，学生都是比较喜欢的。可以帮助调节学习中紧张的心情，促进学生进行英语口语的交流，使学生不仅要会看，还要会说。

（二）有助于培养学生创新能力

创新是这个社会的需求，学生必须要在不断地创新中成长，对于英语的学习也是一样，教师需要在教学方式上创新，学生需要不断地开拓自己的创新思维。应用系统功能语言学语篇理论改变了传统教学的死板和沉闷，让学生主动地参与到教学中，把传统的教师一个人讲，转换成为大家在老师的指引下积极的探索，发现，创新的过程。在教学中可以开拓

学生的思维，对于教学形式学生可以根据自己的创新设计，让学生全面锻炼自己。

（三）可以提高学生的阅读水平

应用系统功能语言学语篇理论，教学的要求就是学生和教师都用英语进行口语交流，这样就改变了传统的只会写不会说的状况，让学生感受到英语交流的魅力，慢慢地让学生养成敢说愿意说的习惯。学生的学习态度对学生自主能力的培养也有很大影响，在英语教学过程中，良好的学习习惯有助于学生自主学习能力的提升。有了良好的学习习惯，学生的学习效率也会不断提高，学生就不会把学习英语当成负担。目前，很多学生缺乏自主学习的意识，这必定会影响学生的成长和发展。因此，要想培养学生自主学习的能力，必须要增强学生自主学习的意识，改变学生的学习态度。

（四）增强凝聚力

应用系统功能语言学语篇理论，首先就是增加了教师和学生之间的情感交流，学生会更加信任老师，还有就是在教学中多是以小组的形式进行，这样就增加了学生之间的团结和友谊，也增加了整个班级的凝聚力。

三、英语阅读中应用系统功能语言学语篇理论的对策

（一）明确教学目标

在进行英语阅读教学之前，教师首先要明确教学任务和目标，无论教学的形式如何，教师必须要带领学生详细阅读要求，分析重点。应用系统功能语言学语篇理论，教师在制定英语阅读教学目标和教学内容之前一定要充分了解学生的学习情况和学习需求，并结合学生的学习情况和学习需求分层的制定英语教学内容和教学目标，满足不同层次学生的学习需求，让每一位学生都积极参与到英语教学中，使每一位学生的自主学习能力都得到提升。在英语阅读教学过程中，教师可以采用小组学习的教学方式，每个小组之间为了取得更好地成绩，也会互相监督，帮助成绩比较差的学生一起努力，一起进步，小组合作学习也增强了班级的凝聚力，提高了英文阅读教学的效率。

（二）丰富教学方法

兴趣是最好的老师，教师在英语阅读教学中一定要不断激发学生的学习兴趣。教师可以使用多媒体进行阅读教学，把内容通过图片、影像的形式直观地展现在学生面前，让学生也参与到阅读的教学中，充分发挥学生学习的主体性。教师也可以选用道具教学的方法，吸引学生的注意力，提高教学效率。视觉刺激往往对学生的记忆是最有效果的，在英语阅读教学中，教师如果可以结合文章内容合理地搭配图片，不仅可以激发学生的学习兴趣，还可以加深学生对词内容理解。学生在学习的过程中可以结合图片充分发挥自己的想象，图片资源在英语教学中的运用可以降低学习的难度，提高学生学习的自信心和积极性。在英语阅读教学中，图片资源的使用可以丰富学生的想象力，学生可以结合图片发挥自己的

想象，深刻的理解内容。老师对于学生的评价对于学生来说是最重要的，影响也是最大的，学生对于老师的话语是比较在意的，老师的鼓励对于学生就是最大的肯定，对于学生的学习态度是很关键的，所以在英语课程当中，老师一定要多多的鼓励学生，不要吝啬自己的鼓励，让学生知道自己的能力是可以的，才能更加地上进。应用系统功能语言学语篇理论，英语教师也要针对学生课程完成作业的情况进行有效评价。对英语课后作业进行评价必须具备有效原则。

应用系统功能语言学语篇理论，教师对于学生学习成果的评价应该秉持科学的态度，对学生的评价不能单一地停留在考试成绩上，更多的是关注学生在学习过程中的表现，过程重于结果。教师的评价对于学生有很关键的作用，教师鼓励性的话语可以让学生更有学习的动力。教师在进行教学的过程中要尽可能地避免出现否定的语言，可以进行侧面引导，教学评价方式对于教学效果是有很大影响的。教学评价是阅读教学中最后的环节，也是最关键的环节，合理的教学评价可以增强学生学习的自信心，进而提高小组合作教学效率。

（三）创设学习语境

英语的阅读教学应该融入一定的情境中，这样才能更好地加深学生对内容的理解和记忆。教师在进行阅读教学之前，一定要做好教学准备，多为学生创设学习语境。在英语阅读教学中，教师要尽可能使用英语进行教学，这样可以让学生更好地融入英语语言环境中，提高学生的听读能力。在传统的英语教学中，教师在课堂上的大部分时间是使用中文进行教学，英文教学的时间非常少，而学生在课下又没有良好的英语学习环境，这对学生的学习是一个很大的影响。初中英语教师的专业水平和综合素质对教学效率有很大影响，教师一定要不断提高自身的专业水平和综合素质。

应用系统功能语言学语篇理论，英语教学很有必要建立“以人为本”的新型的师生关系的，这对于教师和学生都是一个必要的需求。学生可以在新型师生关系当中找到属于自己的自信心，在学习过程中更加的积极，有热情，教师可以更加融洽的和学生相处，让教学的氛围更加的美好。所以，新型教师关系是校园建设当中必不可少的一个环节，也是社会发展得需要。

（四）改变教学观念

应用系统功能语言学语篇理论提高英语教学效率，培养学生自主学习能力已经成为英语教学的目标。培养学生英语自主学习能力既可以满足社会对人才的需求，也可以满足学生成长和发展的需求。目前，很多学生没有认识到学习英语的重要性，学习的目的性不强，这也是很多学生不具备自主学习能力的原因。要想培养高职学生自主学习能力，教师要改变传统的教学方法和教学观念。在英语教学过程中，学生应该是学习的主体，教师可以在教学中起到一定的引导作用，教师要鼓励学生积极参与到英语教学中，充分发挥学生学习的主体性。教师还要多和学生进行沟通交流，缩短师生之间的距离，充分了解学生的学习情况和个性特点，并结合学生的实际情况和个性特点合理地制定英语教学方案。英语教师在教学的过程中要抓住学生的特点为学生提供模仿和锻炼的机会，进而提高学生的自主学习能力。作为学生一定要认识到学习英语的重要性，主动参与到英语教学中，找到适合自己的学习方法。

第二章　英语语言学理论在英语教学中的应用研究

第一节　商务英语语言学的理论体系

商务英语语言学是英语语言学的重要分支。通过学习商务英语语言学，可以进一步了解商务英语的理论知识，提高学习者的商务英语学习能力、理解能力以及创新能力。因此，需要对商务英语语言的基本形态和特点展开研究，从而更好地促进商务英语语言学发展。

一、商务英语语言学的核心理论

（一）商务英语学科理论

一般情况下，语言学将被分成理论语言学和应用语言学。理论语言学又可被划分成一般语言学和具体语言学，应用语言学则被划分成一般应用语言学和具体应用语言学。商务英语作为应用交叉学科，其研究主要围绕具体应用语言学开展，需要以商务英语语言学理论为指导。而具体应用语言学是对某一类具体的应用语言进行研究，而商务英语语言学则是对商务领域范围内运用的语言进行研究。随着语言研究的不断发展，语言学也出现了本体分支和跨学科分支。在商务英语语言学的本体理论研究方面，将存在词汇学、商务语用学、功能语言学、认知语言学和商务翻译学等多个项目。从语言学的结构上来看，应先有语言学上游学科，再出现下游学科。但是，在构建商务英语语言学理论体系时，则应从下游向上游发展，从而更好地学习商务语言学。

（二）商务英语语言学研究内容

目前，有关商务英语语言学的研究仍然没有成形的定论。但是，从商务英语语言学的研究对象和特征角度来看，可以认为商务英语语言学是对商务英语环境中的商务语言进行研究。所以，从研究内容上来看，商务英语语言学需将商务环境当作考查起点，并将商务语言当成商务资源研究。同时，商务英语语言学需将商务语言当成具体的研究内容，并通过研究商务文化和环境对商务语言的影响揭示商务英语的本质。而确定这样的研究内容，可以解决同时研究商务、经济和语言时的研究目标确定问题，并且能拓宽语言学研究领域。

二、商务英语语言学的理论体系

（一）商务英语语言学理论体系

从根本上讲，商务英语理论体系构建是商务语言描写和商务语言应用的理论基础，但同时也需要充分吸收商务语言描述和应用的成果。所以，商务英语语言学理论体系是结合理论与实践总结出来的理论原则和模式。通过验证和修正这一理论体系，可以为商务英语描写和应用提供理论指导。就目前来看，商务英语语言学尚处在不断发展和完善的阶段，需要从不同视角分析商务英语的应用问题。而商务英语语言学与国际商务学相互交叉，因此，从宏观理论角度来看，商务英语语言学理论体系应包含多个语言学分支，如商务词汇研究、商务语用研究、商务语言功能研究、商务翻译研究和商务语言认知研究等。目前，该理论体系可以包含 13 种语言学分支，能够从不同角度对商务英语的语言学展开研究。而商务英语的应用研究可以从几方面着手，如商务话语和公司管理沟通方面、商务领域常用行业英语方面、商务书面类型学方面、市场营销语言技巧方面、商务语用学和商务修辞学方面以及商务词典编制等。相较于其他语言学理论体系，目前，商务英语的语言学理论体系的内涵仍然没能得到确定，其跨学科边界也比较模糊，所以仍需进一步完善。

（二）商务英语语言学的重要学术理论

1. 词汇学理论

在商务英语词汇学方面，ESP 理论和英语词汇学理论是基本的理论基础。目前，商务英语词汇学研究包含三方面，即商务英语词汇学、词典学和词汇语义学。在词汇学研究中，需要对二类词汇展开研究。而这些词汇是普通的商务英语词汇，与普通英语词汇之间的差距较小，但带有一定的商务含义。此外，专业商务英语词汇也属于研究的二类词汇，与经济、金融和管理等领域的知识有着密切联系。缺乏专业背景知识的人将难以理解这些词汇的真正含义。在研究商务英语词汇学的过程中，还要对词汇定义、构词方法、单词结构和词汇来源等多项内容展开研究。例如，在商务英语中，会出现较多的词项重复现象，并且会使用一些古语词、外来词、缩略词和介词短语。研究这些词汇时，要对词汇的定义、构词方法和来源等展开研究。

2. 功能语言学理论

从商务功能语言学的研究内容上看，需要分别研究商务活动对英语使用的影响以及英语对商务活动的影响。研究前者时，需要重点研究英语语言在商务活动中的表现；研究后者时，需要将语言当成是商务活动开展的一个要素，然后分析其对商务活动开展的影响。从研究重点角度来看，商务功能语言学研究需要完成对商务语言和商务语言经济功能的研究。研究商务语言的过程中，要对实现商务言语行为的方式、商务话语类型和词汇等内容展开研究。研究语言经济功能时，要先将语言当成有价值的商品，并将语言的学习当成投资，然后对学习语言产生的费用和获得的收益展开研究。而从经济价值角度展开研究，可以建立商务与语言关系的理论模型，帮助人们更好地掌握商务语言的使用规律。

3. 认知语言学理论

所谓商务认知语言学理论，就是研究商务与认知之间的关系理论。研究过程中，要以经营理念的隐喻和企业家冒险精神的认知为基础。而从认知角度理解经营理念和企业家精神，能够从新的视角分析人对商务观念和活动的认知和体验。在此基础上，还要对商务交际文化冲突进行认知解释，从而了解人类对新环境和新事物的一种深层认知适应。而对商务广告图像隐喻进行多模态研究，将能够对不同文化环境下观众解读广告中图像隐喻的文化价值进行证实，从而帮助广告接收者更好地进行这些隐喻方式的处理和理解。此外，还要对广告性别隐喻的批评认知展开语言研究，从而了解广告英语应用过程中采取克服性别隐喻措施对社会产生的负面影响。

4. 商务语用学理论

研究商务语用学，可以对如何使用适当方式和得体的语言来实现商务交流目标的问题展开研究。在研究过程中，需要重点进行语用意义表达、交际者认知和商务语境制约性三个内容的研究，并且以商务语境和商务语用能力的研究为核心。实际上，研究这三个内容就是从语言语用、认知语用和社会语言的视角进行商务语用学理论的研究，可以构建完整的理论体系。而在语用能力研究方面，商务英语语言学研究需要分别完成对陈述性知识和程序性知识的研究。其中，陈述性知识包含社会语用知识和商务语用知识，指实现商务交际行为过程中使用的话语知识，而程序性知识是利用陈述性知识实现交际目的和进行语言得体使用的能力。

5. 商务翻译学理论

在商务英语语言学研究理论体系中，商务翻译学与翻译学具有共同特征，但其研究对象也更加清晰，所以本身具有一定特殊性。目前，商务翻译学涉及翻译描述性研究、翻译理论研究和翻译应用研究三个研究领域。所谓翻译描述性研究，就是研究如何描述商务翻译需求、译文和文本翻译对社会的影响。商务翻译理论研究则建立在描述性研究基础上，需对商务翻译现象进行解释和预测，并进行普遍规律建立。而商务翻译应用研究属于跨学科研究，需要对翻译管理、人才培养等问题展开研究。在研究商务翻译学的过程中，这三部分内容将相互交叉，并且可以相互提供素材和依据。

6. 其他语言学理论

在商务英语语言学理论体系中，还包含较多语言学理论。比如，商务话语分析理论，是研究商务话语中的言语特征和体现意识形态及权利关系的理论。研究该理论，可以将商务英语文本分析与社会文化实践分析较好地联系起来。而商务社会语言学研究是有关商务语言活动对社会影响力的研究，关注的是人类的政治经济活动。对其开展研究时，需利用宏观社会语言学理论分析商务社会语言学，完成对商务社会各个层面的语言问题研究。此外，商务英语教育学也是重要的商务英语语言学理论，一般包含教育心理学、语言习得理论、教学法理论和一般教育理论四种理论。而研究这些理论，可以为商务英语教学的开展提供理论支持。

第二节 英语语言学的理论体系与构建探讨

作为国际通用语，英语在我国教育发展中占有重要地位，语言学作为英语学习的基础课程，其理论体系的发展与完善关系到二语教学的方方面面。近年来，随着英语教学的备受关注，很多专家学者纷纷投入到语言学的教研当中，尤其对语音及音系的研究更是取得了丰硕的成果。然而，我国的很多理论成果是在国外研究的基础上进行发展和延续的，本身缺乏创新性，而且语音和音系学的融合已是大势所趋，再对二者进行区别对比的意义不大。同时，由于受到各种因素的局限和制约，对于词汇和句法的研究普遍缺乏，语言学的研究方向不平衡会直接影响英语教学的功能性。众所周知，语言学在高校英语教学中起着推波助澜的作用，它不仅能够指导学生进行语言的认知，还能渗透文化知识，提高他们对语言的分析能力，从而更好地培养其地道的英语表达习惯。如语音学、音系学能够帮助学生了解词汇的来源和发音规则，使之提高口语的标准化水平，语用学、语义学能够帮助学生了解中西方文化的差异，从而获得更多跨文化交际的常识。目前，很多高校的非英语专业也都引入了英语语言学课程，可见其在二语习得中扮演着极其重要的作用，因此有必要对其理论体系进行系统的构建和完善。

一、英语语言学的理论重点

以下从英语语言学的含义、发展以及核心理论等方面进行阐述。

（一）英语语言学的内涵和发展历程

语言学是以研究人类语言特点为对象的学科，包括语言的构成、功能、使用及发展，其理论博大精深又乐趣无穷，涉及一切与语言相关的内容，为语言的发展和进步提供宝贵价值。英语语言学课程通常在高校外国语言文学类专业开设，现在非英语专业也有所涉及，其课程主要包括三大模块——理论启蒙、理论基础和研究方法，其内容涉及语音学、音系学、语义学、语用学、句法学、社会语言学、二语习得等，对学生学习和掌握英语语言具有极其重要的价值。由于其中涉及很多抽象概念的区分，并且实践教学条件较差，因此语言学对于大学生来说是一门较有难度的科目。

英语语言学起源可追溯到文艺复兴时期，莎士比亚的文学作品是我们研究英语语言学的入口。之后，又出现了像雪莱、梭罗、欧·亨利、马克·吐温等优秀的文学大师，为英语语言学的发展引入了新鲜的活力，他们精美绝伦的语言功底和辞藻将语言之美展现得淋漓尽致。经历工业革命和两次世界大战之后，英语的影响范围逐渐扩大，并成为世界通用语，英语教育的重要性也开始突显出来。20世纪中期，英语语言学已经发展为一个独立学科，该领域的专家学者也对此进行了更加深入的研究，至今广泛应用于英语教学。

（二）英语语言学的核心内容

首先，英语语言学涵盖了有关英语的各项基础知识，如字母、发音、词汇、句法、修辞等，根据其在各个领域的应用，它对专业词汇进行了较为严格的划分。其次，英语语言学具有十分广泛和实用的功能，在国际交流和多边贸易中发挥巨大作用。它所涉及的词汇、语法等知识是极具研究价值的，对于跨文化交际的顺利进行起到积极的促进作用。一种语言的使用人群越广泛，人数越多，就越能产生实际的价值和效益，带来经济和教育二者的良性循环。同时，英语语言学还对交流的方式进行研究，在不同场合和语境下，由于人在交际中的地位和角色不同，因此说话的语气，所用的表达也不同，这些都要根据实际情况进行具体讨论。此外，英语语言学在英语人才的教育和培养方面发挥了显著作用，对学生英语学习能力和理解能力起到显著的提高，并强调和注重实践交流能力的培养。

二、英语语言学理论体系的构建

英语语言学是语言学的一个分支，它既具有语言学的总体特征，又具备其独立的研究领域和方法。英语语言学应用于社会生产的各个领域中，集统一性与矛盾性为一体，它既为国际交流提供了必要的媒介和途径，也为促进自身发展提供机遇。同时，也具备一定的翻译价值、经济价值和教育价值，在政治、经济、法律、商务等领域发挥着重要作用，因此，不同的领域对于英语语言学有不同的研究重点。我们根据英语语言学的含义和重点，可将其理论体系分为三个层次，第一是学科层次，第二是理论层次，第三是研究层次，三者共同构成一个系统，成为英语语言学的理论体系。首先，在学科层次上，英语语言学是大学英语专业学生的必修课，从语言学的研究范围、研究分类、语言与语言教学、二语习得、语言流派等方面对语言学进行综合阐述，是语言学的入门学科。其次，在理论层次方面，英语语言学更加强调话语理论——机构会话分析（institutional conversation analysis）的研究，为人们展示了会话的特点和对场景的依赖性，并对话轮（turn）、序列、动态会话体系及非言语行为进行了阐述。同时，英语语言学的研究层次逐渐向语用学方面延伸，旨在探索采用什么样的语用模式能取得理想的会话效果。

第三节　高校英语教学中应用语料库语言学理论的实际意义

在语料库语言学刚引入我国高校时，教学工作者对语料库语言学的应用仅限于对英语单词进行简单分析而已。随着英语语言研究领域的不断深入，语料库语言学也受到教育工作者的重视和应用。语料库语言学具有便捷性以及高度科学性，在我国英语教学研究领域得到广泛关注。基于这一现状，本节对语料库语言学在我国高校英语教学的实际意义进行简要论述。

一、语料库语言学的内涵和特点

（一）语料库语言学的内涵

语料库语言学不同于其他语言学的研究内容和领域，是依托于大量真实数据和语言，并通过语料库对数据和语言的系统性观察，总结出英语相关的理论知识，从而为创新语言理论提供数据理论基础。部分人因为语料库语言学具有独立的理论体系和一套完整的教学方法，所以认为其是独立于英语教学的一门学科。部分研究者认为语料库语言学的实质是一种语言的研究方法，并非是英语语言学的分支。语料库语言学作为研究方法时能在大量真实语言的基础上，对其他角度无法回答的语言方面的问题给予解答，基于此，语料库语言学促使当代语言研究方法更加丰富。自 1960 年受到行为主义思想的影响，语料库语言学已经有近五十年的发展历程。最初，语料库语言学是分析一些简单的词语，经过逐渐地发展扩充到对词语语法和属性进行相关的标注，直至现今，现代语料库语言学有了更加广泛的应用，并在高校英语语言学教学、英语词典编纂、人工智能教学等不同领域都有着重要应用。经过五十年的发展，语料库语言学无论是在理论层面，还是在技术层面都得到了完善，其在语言教学领域发挥的作用越来越大，也越发突出。语料库语言学在现今语言教学的应用主要体现在以下几个方面：（1）针对学生语言学习和运用中存在的误区和错误进行分析并指出。（2）针对学生语言学习中存在的错误生成相应的教学练习。（3）促进学生在语言学习中优先等级的有效确立。

（二）语料库语言学特点

语料库语言学的特点可以大体上有三点：（1）具有较强的应用性。随着信息技术的飞速发展，语料库语言学的应用领域也在不断扩大，从最先的语言分析、语言理论的研究，到现今编撰英语词典、人工智能的教学领域和高校英语教学的应用研究。随着英语语言学研究发展的不断深化，在实际英语教学中应用、推广语料库语言学成为必然趋势。语料库语言学在英语语言学与其他社会、自然学科的交互影响中也会得到促进、发展。（2）具有抽象性。语料库语言学不论是传统的研究理论，还是现代的研究方法，都是采用抽象化的研究措施对语言分析的实际应用规律进行有效构建，并从中将语言运用的实际方法进行科学分析总结。（3）具有真实性。语料库语言学的基础是大量的真实语言资料，因此，语料库中所包含的所有资料都具有较高的真实性。

二、高校英语教学现状

随着高等教育的不断普及深化，部分高校开设了“英语言语学”以及其他相关学科，而这一举动促使我国高校英语语言教学水平得到大幅度提升。英语作为一种外来语种，在英语教学过程中会受到西方文化、政治、经济等方面的影响，这种思想的影响不仅体现在英语教材中，而且使英语教学相关的词典、书籍、相关文献等都受到较大的影响，这就导致我国英语语言教学的研究工作存在较大局限性，也使得现今高等教学无法有效地将实际应用融入理论教学中，在很大程度上使我国高等教育英语教学水平的提升受到制约。

三、高校英语教学中语料库语言学理论的应用

现今，高校英语教学中对语料库语言学理论的应用主要表现在三个方面：（1）在英语教学大纲设计中，教师通过语料库语言学理论中频率分布以及语域信息两个板块对教学计划进行编制。教师根据所要讲授的课堂教学内容有关的语料库资料进行分析，通过对目标语域和语言项目相关资料的整合分析，制定出科学合理的教学大纲。（2）英语教材的科学选择和编写，在高校英语教学中，英语教材直接影响着英语教学效果。以高校英语教材的词汇教学为例，通过语料库语言学对学生所学掌握词汇大纲进行分析，对单词在出现频率、覆盖率等数据资料进行分析推测，同时教材编纂者也需要利用语料库中大量的自然语言资源，使所编撰的教材能够更贴近西方人的语言特色和讲述习惯。（3）课堂教学活动的设计。在高校英语课堂中引入语料库，可以改变现今英语课堂主导的地位，使学生成为课堂主体。在英语课堂中学生可以通过对语料库中的语言分析功能和词语检索工具进行分析，找到英语语言的表述规律，同时通过语料库也可以使学生对西方文化知识、社会发展、语言思维等知识进行全方位了解，提升学生英语课堂学习的积极性和主观能动性。

四、高校英语教学中语料库语言学的实际意义

高校英语教学想要改变现今教学现状，就需要从以下三个方面加强对语料库语言学的有效应用，并使高校英语教学实现改革创新。

首先，高校英语教学重点应该偏向于语料库语言学理论结合语言运用实践这一层面。语料库语言学结合语言运用实际已经有丰富的研究经验。

其次，在高校英语教学教材整改重编时利用语料库语言学理论，使教材内容更加具体完善。现今，我国高校大部分使用的英语教材成书时间都较为久远，教材书籍中所包含的英语词汇和语法知识已经无法适应现今高校英语教学的实际需求，同时在教学词条中部分词汇编制缺乏科学性、连贯性，不利于高校学生进行有效的英语学习。因此，利用语料库语言学的理论基础重新编撰高校英语教材成为现今高校改革的重要内容之一。

最后，引入语料库语言学使高校学生英语学习积极性大幅度提升，改变传统教学过程中学生英语学习过程中被动吸收知识的教学现状，使教师从课堂主导者转变为引导者，将英语教学课堂的主动权转移给学生，使学生在教师的引导下对英语学习过程中存在的问题运用语料库语言学进行检索分析，通过语料库中大量真实的语言资料，学生可以直接接触真实的英语学习资料，对英语学习过程中的词汇、语法、语境的规律充分掌握。

想要使我国英语语料库完善，并提高我国英语教学水平，教育工作者需要加大对词汇教学的整合力度。作为英语教学的主体，高等院校需要投入更多的精力、人力、财力、物力，使我国英语语料库系统得到不断的优化、完善。高校在完善英语语料库时要通过开展专业英语课题研讨会，使英语语料库的构建作为高校英语教学的重点内容，同时根据高校英语教师实际教学内容进一步完善我国英语语料库。语料库语言学理论在高校英语教学中的有效应用，有利于学生自主学习能力大幅度的提升，有助于实现高校英语教学的优化改革，从而加快我国英语教学的发展进程。

五、高校英语教学中引入语料库语言学的多方面意义

首先，可以将语料库引入计算机辅助翻译领域，使计算机可以根据等价单位抽取相应的翻译资料，使英汉翻译效率大幅度提升。在目标语言文本以及语料库源语言中抽取组合单位，使其具有稳定性、共享性，提高编纂双语词典的工作效率，使英汉翻译者的工作强度大幅度降低。其次，在文体学和修辞学等教学研究中也可以应用语料库，通过其中所蕴含的鲜活文本和自然口语数据等大量的英语素材的利用，为修辞学和文体学的研究提供基础数据资料。通过具体的英语文本，对文本内部性质较为相似的英语词语和关键词进行分析可知，文本中的关键词也具有词语相似的语义特点，关键词的语义特点可以分为三类：（1）中性语义韵；（2）消极语义韵；（3）积极语义韵。基于此，学生在学习过程中也可以根据文本的修辞方式，搜索文本中的关键词，并根据语料库中相对应的文本进行抽调，从而对关键词的语义进行分析。在语料库中搜索文学文本也可以对文本的写作背景、社会环境以及作者的思想动态等基础信息进行推测分析。语料库不仅可以对文学教学中阅读理解和语段分析具有重要的实际应用价值，也能激发学生学习的主观能动性。语料库语言学的呈现方式较为抽象，但是在实际应用中具有很强的实用性，体现在高校英语教学过程中，随着语言文化的不断发展融合，未来人们应用语言学的时间会逐渐增加，语言学将会成为人们日常生活不可分割的部分。

第四节　互动社会语言学理论对英语教学研究的启示

互动社会语言学理论主要研究语言会话的双方参与者通过会话的语境或者相关的背景

知识，对讲话者的交际意图进行分析和判断，然后对此进行会话回应的一个语言互动过程。互动社会语言学兴起于20世纪70—80年代的西方，是社会语言学的一个重要的分支领域，是集社会学、语言学和自然学于一体的交叉性理论。互动社会语言学研究已经从原本的简单会话研究逐步扩展到连续性的谈话和大幅的篇章研究上。总的来看，互动社会语言学最重要的目的就是对语言和非语言知识在人们会话中的作用进行分析，并逐步深入分析会话人的社会背景如何影响会话语言。当前互动社会语言学理论正在进一步应用到语言教育中，作为我国语言教育的重要组成部分，英语教育在发展中也越来越重视英语会话互动的作用性，所以说互动社会语言学理论对当前英语教学的创新发展具有重要的启示意义。

一、互动社会语言学理论的研究

最早对互动社会语言学理论进行系统阐释的是Gumperz（甘柏兹），他曾经在1982年出版的《会话策略》一书中详细阐释了互动社会语言学的学科渊源、理论概念和研究方法。甘柏兹指出，互动社会语言学最重要的目的就是充分认知会话参与者在言语会话的互动中如何对言语、说话行为以及交际策略所承载的交际意图进行细致的理解与分析，当然参与者对会话的意图理解既存在成功的一面也存在失败的一面。社会互动语言学更重要的就是将语言和会话者的文化背景以及交际的意图有机联系起来，将交际者的会话意图、交际习惯和策略以及言语表达的方式融入一个全方位、立体的研究机制中，其主要理论倾向有三方面。

（一）更重视交际习惯和社会观念在交际中的作用

甘柏兹认为社会互动语言学理论的研究基础就是在深入分析具有代表性的会话交际范例的基础上，研究会话参与者如何正确利用社会背景和交际习惯来进行正确的交际。他认为社会文化和背景以及习惯规约影响着会话的形式和理解，会话形成所构筑的话语单位、语义的范畴、所选择的词汇、语言的音调幅度等都受到会话参与者社会文化和背景的影响。在会话中，说话者应该通过具体的语境或者对话意图和文化背景的分析，选择合理的会话互动机制，所以说互动双方交际得以成功的前提就是要有共同的社会习惯和交际认知。

例如，甘柏兹在《会话策略》一书中，讲述了这样的一段会话案例，一名黑人研究生奉老师之命前去城内低收入的一个黑人家庭去做采访，采访之前，该学生已经和这个家庭取得了联系，去采访时来开门的是这家人的丈夫，此人很热情地和学生打招呼：

Husband: So you are gonna check out, hah?

Student: Ah, no. I only came to get some information. They called me from the office.

之后主人不是很高兴地去屋内叫他的妻子。这段对话充分显示了交际者往往会在自身固定的交际意图和社会背景以及交际习惯的驱动下，去选择一些具有特殊语境的言语去会话，并期望得到交际方的正确理解与互动，然而这个黑人学生并没有掌握这家丈夫独特的说话方式而去选择更加严谨的回答方式，因此引起互动交际的戛然而止。

（二）更加关注动态化语境和内化机制的创设

会话的语境一般可以分为两种类型，一种是静止的描述性语境，一种是动态式语境。描述性语境主要是指在交际过程中发生的实实在在的“纯粹的事实”，可以用一个具体的语境结构来描述，但是在实际的会话过程中，往往会出现许多不可认知、具有强大复杂性的认知语境也就是我们所说的动态语境，是交际双方通过互动而形成的一种语境形式。互动社会语言学认为，在会话交际的过程中语境并不是静止不变的，而是由许多复杂因素共同构成的，交际者在实际的会话互动过程中只有正确激活静态的背景，真正理解和辨析会话的意图，才能真正认清交际中的社会和文化因素，然后在互动交际中利用和控制这些因素。所以说互动社会语言学关注的就是交际双方通过言语的互动和所处的社会背景而形成的即时的动态语境过程，通过对外界相关因素的内化分析，实现了言语互动的效果。

（三）充分考虑对交际意图的理解和阐释

互动社会语言学更加重视言语交流所形成的交际意图，主要指交际者往往在交际的过程中会带有一定的目的和意图，并通过在会话的过程中来了解这些意图，而选择性地使用合理的交际策略。例如在交际时会产生一些语境化的提示信息，会话发起人会在言语中发出一定的信息以让对方理解自己潜在的说话意图，会话回答者如何更好地利用和理解对方的意图就是会话得以成功的关键，根据这些信号理解和阐释说话人的意图，然后实现交际互动，所以说语言学习应该建立在理解和阐释的基础上。

二、互动社会语言学与英语教学创新研究

（一）英语教学应注重与社会文化相结合

从上述互动社会语言学的理论研究内容中我们可以了解到，语言的学习和会话的互动，都离不开一定的社会文化和背景以及交际习惯和意图，所以说英语教学的创新发展应该充分认识到互动社会语言学理论所描述的社会文化互动性的重要作用。想要学好一门语言，就要了解这门语言的社会文化和交际习惯。语言本身是在一定社会文化背景下形成的，是特定文化背景下人们思想和情感交流的载体；语言本身也是一门艺术，是社会文化的重要组成部分，是一个语言民族社会历史和社会文化的重要体现。例如英语中包含许多具有本土文化特征的俗语、成语、谚语、俚语或者委婉的语言成分，以英国为代表的和以美国为代表的美式英语都有着不同的文化特征。所以英语教学中除了要对学生讲述基本的语法、词语等基础知识外，还应该重视让学生了解英语语言形成的社会背景，根据特定的交际情境向学生讲授交际的原则，让学生正确地把英语应用到交流对话中，让学生知道什么时间、什么场合和什么人会说什么样的话，促进学生语言交际能力的提升。

互动社会语言学作为社会语言学的一个重要分支，在理论研究和发展上也深深受到社会语言学的影响。美国社会语言学家 Hymes 曾经提出过语言交际的四个主要内容，就是

可能性、可行性和得体性以及现实性。而可行性和得体性的实现就与语言社会文化有着密不可分的关系。可行性就是说英语会话互动实现的可行性，就是要在互动中使用正确的、真实的、地道的语言；得体性的实现主要是说不同的会话对象、场合、背景和身份等，要使用不同的、容易让人理解的、得体的语言。所以在英语教学中，教师应该注重学生英语交际能力的培养，不能只是单一地进行语言知识的传授，更应该重视语言社会文化的重要作用。

（二）英语教学应凸显情境教学法的优势

互动社会语言学更加关注动态化语言情境的创设，语言必须要在一定语言情境下发挥作用。语言运用的重要作用就是要发挥它的社会交际功能，语言会话必定是在一定的情境中发生的。互动社会语言学为我们阐释了语言交际是一个动态化情境创设过程，不同的话会在不同的情境中，产生不同的效果。互动社会语言学关注的是语境提示在“会话策略”中的重要作用，也是互动社会语言理论的核心。因此在实际的英语教学过程中，教师应该根据不同的教学任务，为学生创设特定的、真实的语言情境。例如可以利用多媒体真实情境创设的重要优势，通过英语会话场景的播放或者图片的展示，让学生分角色扮演情境中的真实人物，在真实的会话过程中，充分了解语言的情境。此外在英语教学中，教师也应该重视情境实践的重要作用，让学生走出课堂，去真正融入真实的语言情境中，让学生在真实的英语会话情境中了解在什么样的场合、什么样的时间对什么样的人应该说什么样的话语，以真正达到英语应用的实际作用。

（三）英语教学应重视交际教学法的作用

互动社会语言学理论研究的主要内容就是在实际的语言应用交际中，通过自身对特定语言的理解去了解说话者的意图，并对其进行正确的回答。英语教学也同样如此。学生在英语会话运用上也应该充分了解交际对方的说话意图，在英语语篇阅读的学习上，对语篇意图的正确理解将十分必要，这直接决定着学生做题的正确性。交际教学法的重要作用就是可以进一步让学生将所学的语言知识应用到实际的英语交际过程中，打破原有的教师讲授和学生学习的传统教学方式，而变成教师和学生处于同等的位置，教师和学生可以直接进行交流。教学效果的展现，并不仅仅只是看教与学的实际价值，而更看重的是语言互动的结果。交际教学法，不在于学生所获得多少英语方面的理论知识，更重要的是可以让学生真正地进行英语交际活动。所以在课堂教学中，教师可以围绕一定的任务，在学生和学生之间以及学生和老师之间进行分角色的会话和对话，让学生在实际的交际过程中，掌握对方的说话意图，了解英语运用的真实作用，实现英语互动表达的作用。

互动社会语言学理论在语言学理论发展上具有深远的意义，它改变了过去认为语言会话是词语堆砌的过程，在语言的学习中更加重视交谈双方的会话情境和社会背景，更加重视语言互动的重要作用，这对当前英语应用性学习的教学目标具有重要的启发意义。英语教学创新应该更加重视学生英语交际能力的发挥，更加认清当前英语学习的实用性。

第五节　认知语言学的图式理论与英语听力教学

一、图式以及图式理论的相关概念

图式（Schema）是指人脑中围绕某一个主题组织起来的知识的表征和贮存方式，是人脑中已有的知识经验的网络。通俗来讲，图式就是储存在大脑中的之前所获得的知识和经验，人们对新信息的认知和理解一定程度上依赖于大脑中的图式。

图式这一概念最初是由德国古典哲学创始人伊曼努尔·康德在18世纪提出的，他认为图式是一种先验的范畴，是"潜藏在人类心灵深处的"一种"技术"和"技巧"。20世纪，瑞士心理学家让·皮亚杰提出了"认知图式"这一概念，他将图式看作是从"经验"到"概念"的中介，是一种认知结构。在他看来，图式是能够随着环境的变化和发展而不断变化、发展的。

随着以认知心理学为理论基础的认知语言学不断发展，越来越多的语言学家开始关注和研究"图式"这一重要概念，并做出了大量的研究，将这一心理学的概念探索性地应用在语言学领域，试图解决与其相关的语言学问题，提出了许多相关理论。

在20世纪70年代后期，"图式"这一概念渐渐地发展成为一个完整、成熟的理论。该理论主要观点是，已经在人的大脑中存在的图式影响和支配着人们对新信息的理解和处理，即当人们接收到新信息时，总是设法将新信息与已有的信息图式联系起来，进行信息处理，获得新的认识。现代图式理论认为，图式是具有一定概括性的知识，既描述事物的必要特征也描述其非必要特征，并且图式所描述的特征由一部分或者几部分的变量组成。例如，在人脑中存在的关于"人"的图式的内容包括高级动物、直立行走、能够使用语言等。

（一）图式的分类

在图式理论中，图式分为三种类型，分别为语言图式、内容图式和形式图式。

语言图式：语言图式涉及人们的语言知识，包括语音、词汇、语法、句法等知识。如果缺乏相应的语言知识，人们就不能理解新信息。在进行英语听力时，如果没有一定的英语词汇、语法等语言知识，听者将无法理解所听到的信息。例如，当听者没有掌握所接收到的"I want it."一句中的三个或者任一单词时，当听到这一句话时，听者脑海中没有相应的图式被激活，因此不会理解其含义并做出相应的回应。

内容图式：内容图式是指新信息所涉及的相关背景知识，主要是指主题知识、世界知识和文化知识三类。其中主题知识是指信息的不同主题；世界知识是指对事物运行规律的认识；文化知识则是信息所反映的与文化背景相关的知识。比如，在中国，人们偶遇打招呼时经常会说到"（你）吃了吗""干嘛去呀"和"去哪啊"三句话，然而在中国文化中，这仅仅是一种问候语，而非指所表达的字面意义，即人们说这三句话时，并不是真的想问对方“吃过饭了吗”“干什么去”“动身去什么地方”，如果听者大脑不具备这种文化知识（图式），当听到这样的问候时则会很疑惑并产生误会。

形式图式：形式图式是指人们大脑中对文章信息的体裁、修辞、结构等方面的认识。文章的体裁多样，主要有记叙文、说明文、议论文、应用文等，经常应用的重要修辞手法有比喻、拟人、夸张等，横式和纵式是文章的两大基本结构。影响人们对信息理解的不仅仅是语言和内容知识。由于每种语言呈现的形式具有不同的特点，例如，说明文是一种以说明为主要表达方式的文章体裁，其中心鲜明突出，文章具有科学性；议论文是一种剖析事物、论述事理、发表意见、提出主张的文体，观点明确，有严密的逻辑性。因此，不同的形式图式会影响信息的获取和理解。

（二）图式的特征和作用

1987 年，世界著名教育心理学家霍华德•加德纳提出图式具有四大特征。第一，图式具有具体的承载物。在现实世界中存在着与人脑中已存在图式相对应的具体承载物，当人们找到承载物时，头脑中与其相对应的图式便可以被激活。第二，图式与图式之间是可以相互嵌入的。一个图式可能是由许多相互联系的图式组成的，新形成的图式也可以和已存在的图式相结合而形成另外的图式。第三，图式既可以表述抽象的存在，也可以表示具体的存在。例如人脑中可以存在“自由”“美丽”和“幸福”等抽象的图式，也可以存在“房子”“汽车”和“桌子”等具体的图式。第四，图式能够影响人们接收新的信息从而认识这个世界。

基于图式的概念和特征，现代著名认知心理学家约翰•罗伯特•安德森概括出图式的六大作用。第一，图式为人们理解文本的信息提供了意识框架；第二，图式有利于合理分配人们的注意力；第三，图式有利于人们进行推倒展开；第四，图式可以帮助人们寻找存在人脑记忆中的储存相关信息；第五，图式可以帮助人们进行分析、概括和编辑；第六，图式有助于推进重新组建。

（三）图式理论的两种信息处理方式

在图式理论中，对信息的理解，人的大脑有两种基本的信息处理方式和过程，一个是“自上而下”的信息理解过程，一个是“自下而上”的理解过程。

“自下而上”的理解过程是一个从具体到抽象的过程，获取的新信息首先激活大脑中已有的具体图式，从低级到高级，最终理解新信息。相反，“自上而下”的理解过程则强调利用已存在大脑中的背景知识来理解和反馈新信息。当接受新信息后，这两种信息的处理方式在大脑中相互作用，共同促进对新信息的理解。我们可以理解为大脑中所存在的图式越丰富，人们越容易接收和掌握新信息；反之，缺乏相应的图式知识，则会造成理解的困难。

听力理解是一个接收和处理新信息的过程，在这个过程中，图式起着重要的作用。因此，本文尝试分析图式理论的重要观点以及听力理解的重要性和特点，以探讨图式理论对英语听力教学的启示。

二、英语听力的重要性及听力理解过程的特点

在英语学习过程中，人们所关注的四大基本技能分别是“听”“说”“读”和“写”。从四项技能的排序中，我们可以看出，“听”是位列第一的。有关统计指出，在言语交际过程中人们在“听”中花费的时间最多，在与人交流的过程中，首先必须听懂别人在讲什么，然后才能做出符合逻辑的信息处理和答复。因而要想学好一门外语，重视听力的培养是第一位的，也是最重要的。但是听力理解的瞬时性、记忆性、综合性三大特点决定了它是项较难掌握的复杂技能。

（一）瞬时性

一般来说，在没有重复的条件下，听力理解中的信息输入具有瞬时性，也就是说这个过程是不可逆的。瞬时性这一特点决定了听话者必须在有限的时间内对收到的信息符号做出符合逻辑的理解和反馈，听者很难对自己不理解或听错的地方进行反复思考和纠正；部分学生基础知识掌握不牢固，并且在日常学习中，缺乏听力技巧的培训和足量的听力训练，因此增加了听力的难度。

（二）记忆性

在认知心理学中，听力过程有三个重要的阶段，分别为感知、切分和运用。在“感知”阶段，听者大脑中利用已有的图式，将感知到的（接收到的）声音信号转换为具有意义的信息符号，也就是平时所使用的词语，并将这些有意义的符号信息储存起来，即形成短时记忆；在第二阶段，听者将储存在短时记忆中的有意义的符号信息切分成各级语言单位，并对这些语言单位进行进一步分析、筛选、储存；最后，听者将储存在大脑中的与听力材料有关的“图式”（原有知识）与新信息进行结合，对听力材料做出正确的理解和反馈。感知、切分和运用三大阶段在听力过程中是不断反复进行的，在这些过程中，对新信息的及时“储存”（记忆）是至关重要的。

（三）综合性

听力理解是一个综合性的复杂思维活动。其综合性在于听力理解过程要求学生脑、眼、耳、口、手同时并用，并且要掌握该语言的语音、语义、词法、句法、篇章、语用的基本知识，此外还要了解一定的社会文化背景知识，对所听内容进行语篇上的理解。

听力理解的瞬时性、记忆性和综合性决定了它是一个复杂的技能，它往往是大部分学习者的薄弱环节。

三、认知语言学的图式理论对英语听力教学的启示

在认知语言学中，听力理解的过程是一个解码与意义重构的过程，并不是一种简单的解码过程。因此，在听力理解的过程中只利用语言知识是远远不够的，还需要背景知识、结构知识等的参与和帮助。图式理论对英语听力教学有以下几点启示。

（一）重视学生的语言知识教学

语言知识是人们理解新信息的前提和基础，如果学生的基础不牢，没有掌握应掌握的语音、词汇、语法等知识，听者无法对所接收的信息进行解码，那么听力理解则无从谈起。例如，在听句子“I can't stand the new movie”时，如果学生没有掌握多义词“stand”在该句子的意思，则无法理解整个句子的意思和说话者的态度。因此，听力教学最基本、最重要的工作就是引导学生打好语言基础，熟练掌握语言知识，建立足够的语言图式。

（二）丰富学生的社会背景知识

中西文化差异很大，一些时候，听力材料具有很强的民族文化特色，如果学生没有相应的背景知识，也会造成句意的误解。例如，当听到“lucky dog”这一搭配时，如果没有英语语言文化储备，那么学生会对这个短语产生误解，造成理解的错误。因此，要引导学生多读书，不断充实和丰富学生的社会背景文化知识，建立相关的图式，为理解信息做好储备。

（三）充实学生的形式知识

有研究表明，影响人们对信息理解的不仅仅有语言和内容知识，形式的不同也会影响信息的获取。因此，教师在教学中引导学生掌握不同的文章体裁、修辞手法、结构形式等，了解不同形式的不同特点，并有针对性地进行练习和感受，从而增强语言敏感性，能帮助学生更好地理解所接收的信息。

（四）采取有效手段激活学生已有图式

图式的激活是指利用材料已给的信息，如标题、关键词等去推测和判断材料可能涉及的内容，并根据推测激活大脑中相关的语言知识、背景知识等长时记忆。因此在听力教学中，教师要引导学生根据已知信息去有目的地激活储存在大脑中的图式，并进行相应的筛选、分类和加工，在听前做出迅速、合理的判断，从而为接收和理解信息做好准备。

总之，听力理解是一个复杂的、综合性的思维活动，认知语言学的图式理论从认知心理的角度给英语听力教学带来了启示。教师需要联系教学实践，探索更为合理的听力教学方法，提高学生听力理解的水平。

第六节　应用语言学理论指导下的高校英语教学与实践

随着全球化进程的不断推进，英语的应用越来越广泛，作用越来越明显，大学的英语课程成为所有学生必修的一门课程，并且还需要参加统一的全国等级考试，如何提高老师的英语教学水平成为一项重要的研究课程。应用语言学的出现为大学英语的教学与实践开辟了出路，应用语言学在英语教学中的应用成为一个新的研究方向。

一、应用语言学的含义

应用语言学是研究语言在各个领域中实际应用的语言学分支，它研究语言如何能够得到最佳利用的问题。应用语言学注重解决现实当中的问题，一般不接触语言的历史形态。应用语言学可以看成是各种语言学理论的试验场。应用语言学有广义和狭义两方面的定义：广义的应用语言学是指把语言学的相关知识应用到其他的学科领域当中。狭义的应用语言学是专指语言教学，特别是指一些外语的教学和第二外语的教学等等。本文中所说的应用语言学是狭义的应用语言学范畴。

二、应用语言学的发展历程

19 世纪初，语言理论方面的研究和应用方面的研究开始分化。19 世纪末，J.N. 博杜恩 • 德 • 库尔德内提出了应用语言学这个概念，但没有得到广泛的注意。20 世纪以后，语言科学得到了进一步的发展，应用范围空前扩大，语言应用方面的研究和理论方面的研究明确地区分开来，应用语言学这个名词开始广泛运用，并促成了应用语言学和理论语言学的分化。

最早的结构主义语言学认为语言是刺激反应的结果，在语言教学中强调要学会一种语言，必须进行反复的刺激、强化刺激的作用来进行记忆和运用。20 世纪 50 年代产生了一个叫“转换—生成语法”的学派，它对于生成语法进行了深刻的研究，对于语言的认知教学产生了直接的影响。从 20 世纪 60 年代中期开始，国际的交流互动频繁，原有的语言教育理念和方法已经不能满足社会发展的要求，经过反复的对比和研究产生了认知教学法，认知教学法重视学习者自身的作用。20 世纪 60 年代美国兴起了社会语言学，从而诞生了交际教学法。交际教学法注重学习者交际能力的培养，注重语言的意义和语言的变化，把语言当作一种社交的工具，主张依据交际的内容、实际活动来进行安排教学活动，有极强的针对性。

三、应用语言学理论在大学英语教学中的应用

通过对语言教学方法发展变化的过程研究，我们可以充分的了解到每一种教学方法都有自身的利与弊，在实际的大学英语教学过程中要灵活地进行应用。

近年来我国的教育事业得到了前所未有的发展，高等教育大力的普及使得生源不断扩大，学生的素质参差不齐，尤其是外语水平的差别较大，这就增加了大学英语的教学难度。因此，在进行教学目标的规划时要对自己的学生有充分的了解，分析出他们各自身上存在的情况、问题；详细的了解未来工作学习中需要掌握的技能及知识；掌握学生的英语基础；了解学生的兴趣、爱好，有针对性地开展教学活动，取得最佳的教育效果。在进行大学英语的教学活动中要把学生作为中心，有针对性的采用一种或多种教育方法。具体的应用包括以下几个方面。

（一）发挥教师在英语教学中的作用

英语老师是英语教学活动的组织者、实施者、设计者，在教学活动中起到非常重要的作用，要想使应用语言学更好地发挥在大学英语教学实践中的作用，就需要老师进行相关的应用语言学的学习，在应用语言学的理论指导下开展英语教学的设计，提高自身的英语教学水平。

（二）分级管理，小班教学

中国的高校学生尽管从小学、中学开始一直进行英语学习，但是掌握的知识大不相同，口语能力差别较大，能流利的进行英语对话的不多，因此，在入学后，进行英语的基础知识测试是很有必要的，不仅仅是书面的考试，这其中也包括口语和听力的测试，根据测试的结果进行分班，有针对性地开展教学活动。在后续的学习过程中，也要根据学生的努力程度、进步程度进行相应的班级调整。小班教学可以更好地调动和提高学生的学习积极性，提高大家的学习热情，取得更好地教学成果。

（三）对基础不同的学生区别制定学习目标

学习基础不同的学生，学习能力、领悟能力、学习的热情是不同的，区别制定学习目标可以降低学生自身的压力、消除学习英语的恐惧感，慢慢地提升他们的学习兴趣。对于一些口语和基础知识都很差的学生，可以采用听说法来进行教学，从简单的听说练习开始，通过反复的练习、记忆来形成一种语言的习惯，促进他们可以进行一些简单的英语交流，渐渐的增加学生的词汇量，强化基础训练。对于那些基础知识扎实、口语较好的学生可以采用认知法或交际教学的方法，发挥学生自身的主观能动性，在不断地交际、交流中创造出符合语言规则、满足自身需要的句子，提高英语的综合应用能力。

（四）对学生的学习过程进行整体规划

大学生的课程规划时间较少，大部分处于自习或科研的状态，因此，英语教学就出现

了课程少、任务重的局面，这个时候英语老师的课程规划是至关重要的。这个规划不仅仅是针对某一个学期的，而是针对整个大学英语的学习过程的，包括课堂和课外。把大学英语所要教授的内容分为老师的教学和课外的学生自学两个部分，把原来繁重的教学任务进行合理的分解，明确告知学生将要学习的内容、将要达到的学习目标和怎样自学，以此来锻炼学生的自我学习能力，提高学生的学习热情，形成以学生为核心的大学英语教学方法，促使大学英语的学习从量变向质变的转化。

（五）创造语境，多加练习

英语学习的主要目的不是为了考试，而是为了交际、为了利用。能说一口流利的英语、能顺利进行英语的对话交流是每一个学习英语之人的最初愿望。但是，在现实的生活中，许多学生认为没有使用英语的机会，没办法进行英语的练习，应用语言学主张依据学生的需要提出要求。针对这些情况，老师可以创造出一些语境氛围让大家进行英语口语的训练，例如大多高校中存在的“英语角”，就是为学生提供了一个进行英语口语交流、对话、练习的氛围，锻炼了学生的口语和听力。对于一些基础较差的学生，更要鼓励他们开口说英语、练习听力，不断地用嘴巩固、耳朵吸收，英语的学习不能只依赖书本的学习，不能只依赖眼睛，要多说、多听、多练，甚至可以通过网络、广播等媒体进行英语的听力练习。在一个良好的英语语境氛围中，可以使学生自觉的完成英语的学习和应用，不断提高自身的英语能力。

（六）提高学生的学习热情，培养学习兴趣

学习的热情、学习的兴趣是有效地进行英语学习的前提，没有热情、没有兴趣就会对英语的学习产生厌恶感，不利于教学活动的开展和学生能力的提高。因此，老师应该针对学生的实际情况来激发他们的学习热情、提高学习的兴趣，才能取得事半功倍的效果。针对那些英语基础差、没有英语学习热情的学生要了解他们自身的兴趣爱好，从他们最关心、最喜欢的事物入手，营造出一个他们喜欢的、轻松自由的语境氛围，老师进行相应的辅导，让学生可以自由地发挥，通过不间断的练习、改进来掌握英语知识。对于那些英语知识扎实、口语流利的学生可以给他们提供一个与外国人进行交流的平台，大学校园中的外教、外国留学生都是现成的交流资源，要进行合理的利用。通过与外国人的交流来激发学生的学习热情和求知欲，同时也提高了他们的交际能力，一举两得。

（七）结合实际开展英语的教学改革

英语老师应该在应用语言学的理论指导下，结合实际情况进行英语的教学改革。学校的教学目标是培养学生的听说读写能力，但在实际生活中还需要大学生的创新能力、实践能力和广阔的视野，因此，大学的英语教育要实事求是，要进行适当的教学改革，来满足发展的需要。

英语作为国际上的通用语言之一，随着全球化的进程重要性越来越凸显，大学的英语教育起着非常重要的作用，它不再是初高中为了考试的知识学习，而是面向社会的具体应

用能力的培养，注重实践能力。应用语言学的诞生为大学英语的教学发展提供了良好的基础，它与大学英语的教学是紧密相关的。社会需要更多的高素质英语人才，这就需要在应用语言学的理论指导下进行大学英语的教学改革，探索出一条适合我国高校学生应用的、效果明显的教学方法。

第七节　心理语言学理论在英语阅读中的应用

心理语言学是心理学和语言学相互交叉而成的语言学学科新分支，目前心理语言学理论已经广泛地应用到实际的教学过程和语言学习中，目前已经成为语言教学研究的热点问题。本节就心理语言学理论在英语阅读中的应用进行探讨。

一、英语阅读技能的制约因素

阅读在学生心目中通常是写、读、说、听四种题型中最易得分的题型，但实际不然，阅读是英语学习中花费大量的时间，但是进步也不明显。无论是英语教师，还是学生，都往往希望通过篇章结构、句法结构的理解、词汇量多少来提高英语阅读能力，但是这不是本质的问题。很多认知研究者和心理语言学家指出，英语阅读实质上是心理活动，阅读者自身的心理活动会较大地影响到对阅读的理解，阅读结果实际上是读者、语言信息、作者三方面的作用结果。从目前教育部对于高等院校的英语教学大纲可以清晰地看出，英语教学应该努力培养学生熟练运用英语的能力，重点要提高英语学习者的速读能力。近年来在CET4、CET6、IELTS、TOEFL 的快速阅读部分就较为明显地体现出来。因此，大幅度提高学生的阅读策略和阅读技巧就显得日益重要。

二、心理语言学理论对英语阅读的指导作用

（一）心理语言学理论能够提高语言知识水平

语言知识主要包括篇章结构知识、语法规则知识、短语知识、英语词汇。第一，语篇的理解程度会受到词汇的理解程度的直接影响。基于心理语言学理论而言，语篇理解主要是通过自上而下加工和自下而上加工二者的心理过程来实现的。第二，正确运用篇章结构知识和语法规则知识对于阅读理解也是极为重要的，它们也会影响到信息解码。第三，要让学生掌握理解英语阅读句子、提高英语阅读分析、了解英语造句规则的能力，特别是要通过综合运用关键词组句法、拆分法（separating）、缩句法（shortening）来分析长句。同时，对于全面综合地理解和认知英语阅读篇章和段落而言，熟练地运用、掌握篇章结构知识、语法规则知识、短语知识、英语词汇是不可或缺的。

（二）心理语言学理论能够改变传统的阅读模式。

基于心理语言学理论来看，英语阅读是一个积极的、复杂的作者与读者之间进行双向交流的过程，而要达到交际的目的，读者必须要经历持续不断地思维活动。而学生只有通过大量的英语阅读训练，才能够较好地培养出推理验证、分析归纳、假设判断等能力。英语阅读教学过程中最大的问题就在于现在很多英语教师轻理解、重语言。心理语言学理论认为，英语阅读的教学过程应该分为四个步骤：第一，激发学生的阅读兴趣，将他们的心理认知结构激活；第二，对内部心理动力进一步强化；第三，教师在教学过程中要多去引导学生，运用相应的阅读技巧及阅读策略来开展思维阅读；第四，对意连、形连特征要积极掌握，要重视应用语篇线索，以便能够综合、全面地去理解和认知英文阅读篇章。认知策略包括：细读策略（清除歧义、意译与转移、语用推理与命题推理、区分细节与主旨等）和速读策略（寻读、查读、略读）。

（三）心理语言学理论能够将背景知识激活、丰富

背景知识主要是指与英文语言相互关联的英文国家所特有的建筑风格、艺术古迹、宗教政治、文化历史、风土人情等知识。背景知识基于心理语言学理论来看，属于典型的内容构思图式。即便在英语阅读时不存在着词汇生涩的问题，但是缺乏相应的背景知识，也是很难正确理解和把握的。所以，英语教师在英语阅读教学过程中要尽量多地去给学生传输英语国家的历史、人文、风俗、地理、政治、经济等知识，不断地对学生大脑中的知识图式进行灌输填实。另外，英语教师还需要指导学生在课余时间多去阅读有关英美国家科技、地理、历史、文化、经济、政治、社会等方面的文献资料，以便构建正确的语境，便于学生能够深刻、准确、全面地理解英语阅读材料。

第八节　应用语言学动机理论对英语课程教学的指导作用

在影响大学生学习的因素中，智力因素和非智力因素是两个概括性因素。根据发展心理学的研究来看，每个人都拥有至少八种智力，且智力因素比较稳定，非智力因素中的动机、情绪等很容易有所改变。对外语教学来说，学习动机对学生外语学习效果有重要影响，学习者学习外语动机的强烈性与外语学习的成功与否有极大关系。因此，大学英语课程教学必须重视学习动机这一要素。

一、应用语言学中的动机理论概述

应用语言学最早由波兰语言学家博杜安在 1870 年提出，其分为两支，即广义应用语

言学和狭义应用语言学。在广义的应用语言学中，除计算语言学、心理语言学外，还包括病理语言学等；在狭义的应用语言学中，语言学理论与教学的关系是其主要内容。文章主要涉及英语课程教学，属于狭义应用语言学。作为语言学的分支之一，应用语言学的理论体系独立而完整，语言教学中的各个环节是其关注的重点内容。比如，语言学习者与教育者的身份及相关背景便是应用语言学着重关注的对象，除此外，外语学习的最佳时间、地点，语言学习的原因等都是其关注的重点。

语言学习的原因，换言之便是学习动机。动机属于内部原因，正是在它的驱使下人们才去从事各种活动。动机包括外部动机和内部动机两种，外部动机顾名思义是源于外界要求或压力作用而使个体所产生的动机；内部动机则主要取决于个体内在需要，在这种需要下所产生的一种动机。动机是应用语言中的一个重要研究课题，也是对第二语言习得成败具有关键影响的因素。研究显示，从出生开始儿童就拥有一种特别的能力，这种能力促使他们能够学习语言，也是语言习得机制的体现。在语言习得机制中，儿童第一语言能力的获得主要来自反复的模仿和练习。然而轻松获得第一语言能力后，关于第二语言习得的过程却开始变得困难和复杂，学习者往往会被各种情感因素所影响，如个别因素中的焦虑、性格、学习动机、学习者与学习者或教师之间的因素等。个别因素中的学习动机是最具能动性的，它的激发与培养对第二语言习得成败有直接的影响。

20 世纪 60 年代末，第二语言习得研究才刚刚开始，但随后发展十分迅速，尤其在 80 年代已经有许多心理语言学家开始投入到这项课题的研究。关于第二语言习得的学习动机，不同时期的语言学家对其所下的定义也有所不同，他们对学习动机的研究涵盖各个角度，虽然不能保证每一个理论都达到尽善尽美，但对动机理论多角度的了解无疑会促进学习者第二语言习得的成功。在加拿大心理学家 R.C.Cardner 的研究理论中，学习动机的涉及内容主要体现在四方面，即语言学习的目标、这一目标实现的愿望及学习中的努力付出和积极态度。Cardner 认为，只要确定了学习动机，学习一门语言对每一个人来说都可以实现。在预示第二语言学习的诸多因素中，Skehan 指出学习动机是第二语言习得强有力的因素，仅次于语言学习技能，学习动机越高，能越快地学好语言。

据研究显示，我国大学生学习动机大概可以分为六类：拿学分、拿奖学金、找工作、实现与外国人的无障碍交流、出国留学、移民等。这些目的都可以被看作是学生对该语言进行学习的动机，即学生在情绪、情感和智力因素上学习外语的需求。从这里也可以看出，动机是构成有效学习的关键因素。以上六类外语学习动机其实可以概括为两类，即工具性动机和参与性动机。工具性动机主要为了能够读懂外语文本从而更好地学习，参与性动机则主要为了实现与外国人一定程度上的交流。相对来说，参与性动机更优。

二、我国大学英语课程教学现状

（一）学生对英语学科兴趣匮乏

相比高中的教学模式，大学英语课程的教学模式互动性与参与性更强。高中英语教学以灌输式教学为主，大学英语课堂则强调学生的自我表现和参与。但即便如此，大学英语课堂的效率仍然不高，究其原因主要在于学生对英语学科兴趣匮乏。大学生在英语学习中兴趣的缺乏除缘于大学课程多外，还在于专业课压力大等。在这种情形下学生很难保证《教学大纲》中要求的英语学习时间，而大学英语对练习和阅读量的要求又很高。学生自学时间的缺失及大学英语课时的减少导致学生高中三年所学的知识迅速退化，而这些又会进一步打击大学生学习英语的动力和热情。

（二）学科指向性较弱

很多人认为英语只是一种交流工具，并非一门独立的学科。现在大学英语教学中多数英语学习者将英语学习看作单纯的读写教学，以求对学生的英语运用能力加以培养。但在大学生特别是理工科学生的学习中，英语知识往往很少有用武之地，无法运用的英语知识其实就是一种死知识。由于学科指向性较弱，大学生英语学习动机变成以考试为主，而这种方式并不能从根本上促进大学生主动学习兴趣的提高。

（三）学习动机模糊

对理科和工科的学生来说，他们主要偏重于理解，而文科的学习方式则主要偏重于平时的积累。按所属领域分类，英语属于文科，在大学英语中，语法部分是英语学科中涉及理解的主要部分，但在日常交流及阅读写作中语法所占的地位并不重要，因此，理工科的学生在学习中欠缺对英语学科的理解，导致其学习动机比较模糊。

三、应用语言学动机理论对英语课程教学的指导和启示

（一）通过对轻松愉快课堂交际环境的创造，促进融入型动机的激发

在语言学习中，融入型动机是其成功的重要条件。很多语言学家研究发现，那些生活在目的语国家的学习者比母语国内的学习者学习优势要大很多。事实上也确实如此，由于目的语交际环境的缺乏，学生的融入型动机常常被抑制，这也是学生语言能力发展的制约因素之一。所以，在英语课程教学中，教师应尽量对一种轻松愉快的学习氛围和真实的自然交际环境进行创造，为学生的交流提供更多真实机会和语言材料。通过真实的交流和语言材料激发学生学习动机，使其能够更好地融入英语课堂学习中。为了保证学生能够顺利进行交流，教师可以在交流前向学生讲授相应的交流知识和技巧，促进学生对文化学习和语言学习之间重要关系的理解与认识的提高，从而对学生跨文化交流的能力有意识地加以培养。在交流中，当自己与他人的直接交流得到理解时，学生将会感受到莫大的成就感与

融入感，同时有利于其学习外语的融入型动机进一步增强。

（二）立足个体差异进行教学，对不同学习风格给予支持和肯定

英语教学应加强策略性，对学习者的个体差异和学习风格等给予尊重和支持。这就要求教师应在教学中对学习者个体的观点和个性表示尊重，同时对学习者个人学习风格及学习策略的保持或建立给予肯定。在课堂教学中，教师应立足每个学生不同的角度，对问题多层面地深入探索，通过疑问开启学生的思维，正确引导学生学习，并帮助学习者思考自己的学习状况，以便对自己的学习特点和学习风格有更多的了解，从而进一步改进和完善学习策略与方法。对于将语言看作工具的学习，教师应通过耐心讲解告知他们对语言掌握的个人和社会意义，引导这部分学生英语学习理念的升华，以刺激学生多层化动机的产生。针对自我概念比较重的学生，教师可以根据情况的不同使学习者一定程度上获得学习满足感，帮助他们树立学习英语的自信心，从而促进其自我内部激励机制的建立。

（三）转变传统教师中心模式，建立以“学习者为中心”的课堂模式

传统的教学模式往往以教师为中心，很难调动学生的学习积极性，要想改变这种状况英语教学必须对传统教学模式加以改变，建立以“学习者为中心”模式。在英语教学中，教师应尽量准备各种类型的课堂活动，学习活动、任务和材料多样化，使课堂变得更加有趣。学习任务的难易程度应适中，充满挑战性的同时还应保证学生通过学习能够有效驾驭。除此之外，教师应对学生的任务动机进行培养，通过任务的形式调动学生参与课堂活动的积极性，使英语课堂学习成为主动的过程，将社会和教育提出的客观要求内化为学生自身学习和生活的需求。还可以让学生自己对学习目标进行确定，并对达成目标的方法自主选择，也可以对自己的进步自行评估，从而提高学生自主学习能力。

（四）课堂任务和教学内容设计趋向学生兴趣，将应试与趣味性结合起来

任务型教学中课堂任务设计是主要部分，教师的课堂任务和教学内容设计必须与教学理念相符，尽可能地趋向学生兴趣，提供学生真正感兴趣的学习内容。如果教师提供的教学内容无法调动学生的兴趣，那么就很难激发学生的学习动机。因此，教师在任务设计中应做好对学生需求的分析，以使教学内容真正满足学生的认知需求。比如，当前学生对教师的留学见闻、希腊（罗马）神话、电影故事等都比较感兴趣，教师在课堂任务和教学内容设计上就可以从这些方面入手。此外，不同专业的学生在英语课堂中遇到本专业知识时往往会表现出极大的学习兴趣，教师在课堂任务设计中也可以结合学生的专业寻找与其专业有关的英语学习材料，从而刺激学生学习英语的内在动机。另一方面，当前的英语教学仍然不可避免地涉及各种考试，教师在对课堂教学内容涉及的过程中可以将学生面临的考试与英语课堂的趣味性结合起来，创建适合中国外语教学特色的本土化课堂教学模式。

（五）对课堂进行公证积极的反馈和评价

在行为主义看来，动机的出现是某种行为被外部所强化的结果，在这种理论下动机可

以由教师或家长的鼓励等来刺激和强化。因此，在英语课程教学中，教师应对学生的学习表现进行全面公正且以鼓励性为主的评价。当学生完成教师的课堂任务时，教师可以给予学生相应的鼓励，激发学生下次参与的动力。教师也可以将课堂任务的评价与期末考试有机结合起来，对学生课堂表现出的创造力、能力等及时进行评价，以使学生在经常性的考核中外在学习动机再次被强化，从而推动他们的内在学习动机。

总之，学习动机对语言学习的作用是有规律和实证所循的，整个外语习得过程中几乎所有其他因素都与动机有一定程度的关系。因此，在英语教学中，教师必须认识到学习动机的重要性，立足英语教学现状，积极采取措施激发学生学习动机，充分发挥动机在英语课程教学中的作用。

第九节　系统语言学在英语阅读教学中指导作用

在英语学习中，阅读作为提高人们英语水平的有效途径，一直以来都是教学的重点。在素质教育全面推进的今天，背诵和一味地做题已经在英语阅读教学中已经成为过去式。通过系统的思维方法来指导教学，是当前英语阅读教学探索的关键。根据语言学理论指导英语阅读教学，是英语作为一门语言本身的要求，也是英语阅读教学当前的一大趋势，对英语阅读教学具有非常重要的指导意义。而在探讨系统语言学在英语阅读教学中的指导作用前，我们首先应对系统功能语言学理论本身有一定了解。

一、系统语言学相关理论

系统功能语言学的研究已经有了 50 多年的历史，该种语言学主要是从社会学的角度出发，通过功能方法对语言进行研究。功能语法认为，它们使用或承担的功能对语言系统的形式具有决定作用，并认为在社会交往中，语言也是一种手段。在系统功能语言学的理念中，人们利用语言对某一功能或某一意义进行实现与表达时，必须做出一定选择，从语言系统网络中。所以，系统功能语言学的最大特点，就是“选择”，人们对意义的获得是通过语言来实现的。其中语义是系统功能语言学的基础，在系统网络中，自然语言的语法系统具有可选择性，其组成要素为一系列可能的意义。通过语言实体来体现意义，并引导人们进行推理，从而实现对意义的推理。概念功能、人际功能和语篇功能，是实际语言交际中主要的三大功能，在语言交际中有重要意义。系统语言学从引入我国后，即被逐步应用到我国教学中，近年来开始在英语阅读教学中发挥重要指导作用。

二、系统语言学在英语阅读教学中的指导作用

（一）心理语言学在英语阅读教学中的指导作用

心理语言学认为，阅读是一种心理游戏，在这一过程中人们通过心理来选择阅读。在心理语言学研究中，一致认为阅读是读者根据已知的语言提示，在自己的头脑中循序渐进地推断、预测和验证、修改的过程，经过一系列的心理活动以最少的精力与最短的时间对作者所传递的信息进行重建。英语阅读亦不例外，通过心理语言学可知，英语阅读是一种复杂而又主动的心理过程，读者通过篇章利用自己的思维来实现与作者的交互。在英语阅读文章的正确理解中，语言知识和文章内容有关背景知识与读者已有知识和经验是相连的，对其理解有重要作用。语言本身就是从民族文化中走出来的，要学好英语必须要了解英美文化。所以，对于英语教师来说，在阅读教学中除了要对学生的语言应用能力进行训练，对阅读知识进行讲解外，还需要注意在阅读教学中对文化教育进行渗透。在英语阅读教学中，不少学生都存在花费了大量精力却收效甚微的情况，背景知识掌握的深度与广度，便是其中重要制约因素。所以，教师在阅读教学中必须加强对阅读内容背后的英美文化背景知识进行讲解。

（二）图式理论在英语阅读教学中的指导作用

图式理论是从“相互作用”模式而来的，系统语言学认为阅读过程实际上是一个多种语言知识相互作用的复杂过程。人们在阅读的过程往往会不自觉地运用两种方式，分别为“自下而上”与“自上而下”。图式理论认为两种信息的处理方式不管在哪一个节段或者在哪一个层次里都是同时进行的，前者有利于读者对新的信息的发现，后者有利于读者将有歧义的信息消除掉。所以，读者大脑已存在的知识和文章信息的相互作用过程，就构成了阅读的整个过程。人的大脑中的知识是有结构的，一个人大脑中的图式越多，应用于阅读理解中的可能性越大，对文章意义的理解也就越全面。其中，语言、内容和形式图式是图式理论中比较常见的，对读者阅读能力具有决定作用的图式，它们分别指代读者对阅读材料、文章体裁以及句式的掌握能力。在教学中，教师除了要对语法规律、词汇意义着重讲解，还需要帮助学生养成将这些知识与逻辑思维融为一体的能力。

（三）词汇理论在英语阅读教学中的指导作用

在语言学习中，词汇学习是基础性的存在，语言学者研究发现当学生掌握了 3 000 左右的常用词时，基本就可以无障碍地进行阅读，词汇量越多学生的阅读正确率越高。对于在校学生来说，生词过多，对英语阅读有很大障碍，也是当前高校英语阅读中的重点。文章内容的理解与推测是有事实根据的，不仅需要根据篇章结构来推测，同事需要根据词汇知识来推测。教师在英语阅读教学中，应引导学生在学习的过程中通过对语义关系的分析加深对词汇的理解。教师应让学生明确词汇并非独立存在的，而是具有一定的同义词、反

义词及搭配词等，在教学的过程中教师可通过一个单词举一反三帮助学生学习更多的词汇，启发学生对其他词汇的学会运用同样的方法，从而对不同的词汇准确区别词义，促进学生词汇量的扩充。教师在阅读教学中还应对词义与句子的结构给予注意，指导学生学习词汇时学会将词义与结构结合起来，帮助学生提高词汇自学能力，促使其可以轻松自如地掌握词汇。

在英语阅读教学中，系统语言学理论对其有重要促进作用。教师在英语阅读教学中应尝试将系统语言学理论应用于教学过程，提高英语教学水平。

第三章　英语语言学与高校英语教学实践研究

第一节　基于语言学角度的大学英语阅读

一、高校英语阅读教学现状

英语阅读是英语教学中的重要内容，但是大学生由于受母语的影响学习起英语难免会有点困难。近几年，随着英语教学改革的推进，我国英语阅读教学水平有所提升，但是仍然存在许多不足之处，主要表现在以下几个方面。首先教学模式比较落后，在课堂上老师教给学生的都是译读法，不论什么类型的英语文章都采用单一的方式，使得许多学生对英语阅读学习失去兴趣，甚至由于枯燥乏味的课堂氛围对学习英语阅读知识产生抵触情绪。这对英语阅读教学是十分不利的。其次，英语阅读教学效率比较低，英语阅读作为大学生考试的必考内容，同时也是学生考试最容易丢分的题。许多学生都认为在阅读理解上提分很困难，词汇和内容都不理解。此外，大部分的大学生阅读能力很低，这是由于传统的教学模式束缚了学生的思想从而制约了学生的发展。老师没有将学生作为课堂的主体，学生一味地听老师讲没有发表自己想法的机会，也没有交流和讨论的机会，学生无法真正得学习英语阅读技巧和系统的阅读方法。这导致学生的英语阅读水平难以提高，甚至学生会由于成绩对自己失去了信心从而严重影响了学生的健康成长。

二、语言学与外语教学的关系

语言学是以人类语言为研究对象的学科，包括了语言的性质、功能、结构、运用以及历史发展，它是对语言的一种科学化、系统化的理论研究。语言学有很多分支比如心理语言学、系统功能语言学、认知语言学以及语言教学等，而外语教学就是语言教学的一部分，同时外语教学的实践孕育着应用语言学的诞生。但是他们又有所差异，语言学的研究是为语言现象提供理论依据，而外语教学是为了让学生掌握和运用好外语。语言学把语言作为一个整体的系统，而在语言教学中语言是一种能力。

三、从语言学角度谈大学英语阅读技巧

（一）从心理语言学角度的角度探究大学英语阅读技巧

目前许多高校的阅读教学仍然使用传统的教学模式，让学生读文章解答问题，然后老师对答案并针对错的多的问题进行讲解。这种教学模式不仅会降低学生的学习积极性，而且难以提高学生的阅读能力。而心理语言学主要是研究语言行为和人的心理的联系，那么如何运用心理语言学来探究英语阅读技巧呢？比如我们可以根据心理语言学的知识建立系统的心理语言学阅读模式，首先通过看到的材料来揣测文章的意思，然后进行检验最终得出结论。英语阅读不仅仅是读的过程，它涉及多个方面因此我们要学会通过多个角度去解析文章。比如我们可以利用自己了解的背景知识、题目的信息等来猜测从而充分地理解文章表达的想法和内容。

（二）从系统功能语言学的角度探究大学英语阅读技巧

系统功能学是以一定的哲学思想为基础，它从功能的角度来研究语言的系统性。它为英语阅读的语篇分析提供了理论依据。我们应该通过系统功能学学会语篇意识，语篇是用来表达文章的意义和作用的，词汇与语句都是构成语篇的重要因素。它主要突出了语篇的功能和意义，强调在英语阅读中要结合宏观结构分析（包括文章体裁、故事情节、中心思想、篇章模式等）和微观结构分析（例如词汇、语法等），从整体上分析文章的信息。因此在英语阅读中要增强自己的语篇意识，这是提高英语阅读能力的重要方法。

（三）从认知语言学的角度探究大学英语阅读技巧

认知语言学认为英语阅读是一个认知复杂心理的过程，它强调的是信息处理的过程。从认知语言学的角度探究英语阅读模式主要包括以下几个内容。首先是概念能力，它是指学生能够将分散的信息进行整理上升为概念，便于更加全面的理解文章从而提高自己的综合能力。其次是信息加工方式，它是指对语篇中语言和非语言的信息进行全面深入的处理，可以说它是一种语言处理技能。信息加工方式主要强调充分利用上下文提供的线索来理解文章的一些句子含义。最后一个重要内容就是图示，这种理论也是基于心理学的角度提出来的，它是指文章的关系结构，强调利用网络图加深对文章各个段落关系的理解。

综上所述，语言学的运用对学生更好地融入英语语言环境中，有效提高英语阅读教学的质量和水平有重要作用。随着教育改革的不断推进，英语阅读教学面临巨大的挑战而语言学的应用是英语阅读教学的重要改革和创新。学生通过从语言学的角度来学习英语阅读技巧提高自身的英语阅读水平，增强自身的综合素质。

第二节　英语应用语言学与专业人才培养新模式

语言学包含了发音、语言和文字等多方面的内容，语言是可以感知的载体，我们在生活、工作和学习中都不离不开语言，是人们沟通交流、表达情感的主要工具。英语语言学中的词汇和物体是一一对应的，专业英语生学习英语时，要学习英语知识、英语工具和英语文化等。对此，结合英语应用语言学的教程，要注重知识与文化的有机结合。

一、英语应用语言学与专业人才培养新模式——英语专业知识

学生在学习英语应用语言学时，要注重英语知识与英语文化的有机结合。对此，在专业人才培养新模式下，教师要充分发挥引导作用，帮助学生建立一套符合教学目标和学习效果的课程体系，让学生对英语工具能熟练应用，建立学生的情感体验，让学生更好地融入英语文化中。结合《高等学校英语专业英语教学大纲》的具体规定，英语应用语言学是英语专业生要学习的一门基础课程。英语应用语言学与语言学存在很多相同之处，如研究语言现象、语言内容和语言规律等都是语言学的主要目标。英语应用语言学还明确规定了英语是一种交际工具，有着广泛的社会功能，有助于人们表达自己的情感、意图和需求，便于增进人们之间的情感交流。

二、英语应用语言学与专业人才培养新模式——英语专业技能

英语如同汉语语言一样，是一种具有交际功能的学科，教师在向学生传授英语知识外，也要让学生明确了解英语的交际功能，这也是重要的学习目标之一。学生学习英语要达到融会贯通的效果，就是侧重于英语的交际工具性质，并养成良好英语学习习惯和英语交际习惯，激发英语学习潜能，形成英语思维模式。教师在培养学生养成良好的英语习惯时，就要加强对学生英语专业技能的训练，加强学生英语的日常学习，充分的锻炼学生在英语方面的听、说、读、写、译的能力，让学生加以熟练应用、达到学以致用的效果。对此，在新模式下，学校和教师针对师范类英语专业生，开展和加强对于英语专业技能的训练。《高等学校英语专业英语教学大纲》明确规定了英语专业知识的构造体系，如语言学、英语文学和英语文化学等，这也是对师范类英语专业生的基础要求。师范类英语专业生最为关键的就是学习英语专业知识，但教师要将其训练成为一名英语教师，就要将学生的英语专业知识和英语专业技能有机结合起来，让学生在校期间学习的英语专业知识为他们成成为未来的英语教师铺路。

三、英语应用语言学与专业人才培养新模式——明确英语学习目标

大学生的素质教育涉及多方面的内容，如品格、道德、文化、观念和风俗等，做好大学生的素质教育工作，最为直接的就是让学生受到当地文化的感染和熏陶，并对自己的品格和性格方面产生积极影响。在新模式下，教师要帮助师范类英语专业生明确英语学习目标，让学生深入学习和了解英语文化，增强学生独立处理问题的能力，包括对英语文化的包容程度，这种能力在一定程度上能直接反映学生学习英语的效果。学生在英语方面受到的熏陶，主要是英语教师的教导、和英语教师的双向互动、学生之间的沟通交流和自我学习的方式。一般来说，师范类英语专业生接触和学习的英语，主要为英式英语和美式英语两种，涉及地域文化主要有英国文化、美国文化和澳大利亚文化等。对于师范类专业生而言，英语专业技能除了自己对英语专业知识能够熟练的听、说、读、写、译外，还要使英语专业技能达到英语八级的水平，与此同时，学生要在日常生活学习中能熟练应用英语专业技能来服务于自己的交际，培养自己的语感和语境。

四、新模式下的英语知识、英语技能和英语文化

新模式下，对于师范类英语专业生来讲，教师要采取英语和教育有机结合的教育模式和教学方法，在向学生讲解和传授英语知识的同时，还能提升学生的英语技能，并培养学生的英语文化素养。同时，需要注意的是，英语教师要将素质教育贯穿到整个英语教学活动中去，切实提高学生的英语文化素养。师范类英语专业生在学习英语应用语言学的过程中，教师要明确培养学生英语专业技能和英语教学技能这两大教学任务。英语专业技能是英语教学技能的前提和核心。新模式下，《高等学校英语专业英语教学大纲》中明确规定，师范类英语专业生所掌握的英语专业技能要达到英语专业八级。达到英语专业八级，除了掌握大量的英语专业知识外，还要具备一定的以英语专业技能为基础的英语教学技能。师范类英语专业生的未来发展道路就是成为一名合格优秀的英语教师，这就要求学生要具备一定的英语文化素养。英语文化素养的高低涉及多种因素，如主客观环境、动作行为、思想情感和综合能力等，这主要受制于英语文化对学生的熏陶。教师要加强对师范类英语专业生的熏陶，这不仅体现在学生对所学英语知识的掌握程度，还体现在学生的日常英语交际水平上。

随着新课改不断提出新的要求，随着我国教育体制改革的不断深化，从师范类英语专业生的角度出发，对英语教师提出了更为严格的要求。英语应用语言学是一门具有语言性质、交际性质的学科，英语教学要在新模式下，英语教师合理设计英语教学内容和方法，在实际的教学活动中，充分发挥引导作用，帮助学生丰富英语专业知识、英语文化和英语素养。

第三节　基于应用语言学的高校英语教学模式

对于中国学子而言，英语学科属于第二语言习得的重要教学类别。而我国开展英语学科教学的主要目的，就是通过培养具有国际语言交流能力的人才，来稳定国家其他产业链条中的对外交流能力。因此，英语学习从一开始就具有明确的目的指向。而应用语言学的定义重点在于以“应用”的角度参与学习，意在以最大限度地专门教育来提升学生的语言应用能力。因此，从应用语言学的教育理念来看，基于应用语言学来设定大学英语教学模式，对于提升大学生英语应用能力具有绝对性的推动作用。故本节以应用语言学为核心对大学生英语教学模式进行教育改革层面的研究，对于高校而言具有切实的研究价值。

一、试论应用语言学与大学英语教学模式的关联关系

大学英语与其他专业不同，其学科内容偏理论的教学内容较多，且学生若要掌握有规律和系统性的英语知识，就必须要不断加强自身的英语知识储备，时刻以夯实基础作为学习目标。故多数高校在编排大学英语课程时，都会将教育重点放置在培养学生的理论能力上。但从就业与专业未来发展的角度来看，学生若未能在参与学习的过程中明确如何将理论转变为实践的方式方法，其所积攒的英语理论与学科内容就会成为“无用”的理论物质。因此，如何编制一种可将理论与应用有机统一的教学方式，就成为每个高校都需要发起研究的核心课题。

以就业方向来看，无论高校内参与英语学习的学生是否为英语专业，在当前国际化的发展趋势下，拥有完善的英语应用技能都有百利而无一害。商业类别的学生可以应用英语知识拓展国际商务项目，而建筑专业也可参与国外进修或商议跨境项目。英语专业的学生则需要参与教学、进修抑或专门研究英语语言学。无论哪种就业方向和选择，都直指语言的应用必要性与必然性。因此，高校若要贯彻“为生服务、以生为本”的教育理念，就必然要重视学生就业阶段的应用需求，将大学英语教学模式朝着应用化的方向改革。

二、应用语言学能够在大学英语教学模式改革中起到的促进作用

（一）可将高校英语教育内容高度延伸

大学英语的概念范围实际上已经不局限在“基础”层面，高校内参与英语学习的学生基本已完成应试教育，其英语水平也较为均衡。故在此基础上，高校若坚持开展基础教育，势必会降低高校英语教育的时效性。而当高校英语教育部可将应用语言学作为教学改革的思路时，教育管理部门在编制教材和教学大纲时，其可选思路就会更加宽泛。故大学英语教学的理论范围就会随之加宽，令大学英语教育内容得到充分的延伸，一改往常的“理论

基础”教育特征。

（二）可令大学英语课堂更具活跃性

高校开展英语教学时，常以“填鸭式”“讲解式”作为主要的教学形式，这种形式的主要特征即为教师教授、学生听从，教师针对学生开展提问活动的概率较低，而学生走神的概率则较高。故这类教学模式会极大程度地降低学生的课堂活跃度，令整个教学结构的应用性特征无法高效发挥。而当教育人员采用应用语言学的思路开展英语教学时，教师就可以利用应用语言学的教育内涵来扩充教学思路，尽可能地摒弃以往的传导式教育。应用语言学以应用教育为主，应用即代表着活动，教师要让学生完成应用能力的积累，就必然会增加课堂中的英语教学活动。学生参与活动时，课堂的活跃性便可有效提升。

（三）可提升学生在实用英语方面的应用能力

上文中已经多次强调，应用语言学的概念核心就在于“应用”。但目前高校所使用的教学模式多以理论提升为主，不注重对应用能力的培养。学生拥有扎实的理论基础是培养应用能力的重要基底条件，而应用语言学中所具备的“应用”教育概念，能够成为辅助学生将所学完善应用的重要教学手段。因此高校在开展英语教学工作时，使用应用语言学便可开展完善的应用教学。如若应用语言学与英语教学的融合可在大一阶段便得到有效实施，那么学生的英语应用能力就能够在学年的推演下不断提升，直至毕业季，学生的英语应用能力也会随之成型。继而无限贴合高校培养学生综合应用能力的教育目标。故综合以上三点理论阐述内容，在高校英语教学模式改良中融入应用语言学，能够起到促进教育改革、稳定应用教学地位的重要作用。

三、基于应用语言学的大学英语教学模式的改革思路

（一）高校应加深在教学模式中应用语言学的落实力度

在高校中开展的英语课堂教学模式一般都分为五个部分，即热身、引入、教学、练习和反思。这五个要点综合而言比较科学，故本文将不改变教学活动的展开顺序，仅将其包含的惯用教学活动加以应用化改良。校方若要从根本上提升英语教学改良的效果，就需要组织英语学部的教学人员根据应用语言学的教育特征来改良教学结构。例如在热身、教学和练习环节中，教师应尽可能地将自身引导角色淡化，将课堂主动权交由学生。具体可按照上节课程中的教学内容作为引导，要求学生以角色扮演或情境扮演的形式，开展英语情境交流。当教师确认学生自主发挥的热身环节无语法错误，且所述语言范围无偏离主题现象时，即可进入新课教授阶段。教授阶段教师仍然要贯彻应用语言学的概念主旨，即一切教学案例、教学活动都要以实际的应用情境为主，保证学生所见、所得都具有完善的应用特征。

（二）教师需“隐匿”发挥自身主导作用，调转学生参与学习的固有思路

在高校英语教学范围中，已经适应理论教学体系的成员实际上不仅限于英语教师，多数学生也会对基于应用语言学的英语教学模式保有陌生的参与态度。因此，教师应在开展教育活动时起到“隐匿”的主导作用。隐匿意味着教师不能重复以往的“带领举动”，要坚决落实学生主体的新英语教学模式。但当学生处在“适应”的时间阶段时，教师需要对学生的学习态度与方式进行引导，辅助学生进入到“应用语言学”的习得范围中。以引入教学为例，教师需要抛出线索，引导学生自发参与到课堂中。教师可使用情境教学法，为学生创设以教材为主的情境思路，要求学生自发学习对话、模仿对话，教师则在整个过程中充当纠错者，负责及时扭转学生错误的应用思路。

（三）教师需加大对应用语言学的应用力度，将概念细致推送至教学活动中

在新课环节，学生接触的多为基础英语的引申内容，例如商业对谈、名著选读等教学素材。商业对谈、商务公函等教学内容的应用性较强，学生很容易建立应用类思路。因此，教师只需为其下达课堂任务指令即可，如选定公函或对谈话题，要求学生在规定时间内完成语言任务等。而对于名著选读等应用性较低的教学内容，教师可以播放依照名著改编的音像资料，要求学生全英复述影片内涵，从而锻炼学生的总结能力与即时谈话能力。在使用应用语言学的过程中，难点在于学生从接触到适应的这一阶段。因此，当教学模式改革出现适应性的问题时，英语部教学人员应尽快开展专项研究，务必要尽快解除学生在听、说、阅读层面上的应用障碍。

（四）教师需联系学生课内外时间，提升兴趣以稳定“应用”教学效果

兴趣永远是学生主动学习的第一推动力。大学生的思想和思维逻辑虽已成型，但兴趣仍然是学生参与学习的决定性因素。故高校教师不应忽略兴趣教学的教育优势，要将兴趣提升，也归置到教学模式的改革路径中。教学模式的改革不应限定在课堂范围内，大学生的课时安排较为自由，近乎 40% 的学习过程都会在课下完成。教师可稳定这一特点，利用网络教学或网上考核等新兴教育形式，调动学生参与英语应用教学的积极性。考虑到高校现代化教育水平普遍存在的限制性特征，教师可推荐学生使用“英语流利说”“百词斩”等实用性和趣味性较强的手机 App 进行学习，学习范围可选定在四级、六级或八级范围内，也可以选择雅思、托福等专业性极强的学习类别。具体可按照学生的个人能力进行调整。这种课外学习教育方式一方面可以补充高校在现代化教育方面的缺憾，另一方面，这种已然成型的教育形式，可以最大限度地减少高校开展课外应用教育的“磨合流失”现象。即初成型的课外教育模式会存在磨合期，处在磨合期的教育效果不一定会起到正面作用。“英语流利说”在于锻炼学生的“听、说”能力，百词斩负责扩充学生的词库，当学生在课外累积好足够的应用知识后，教师可使用网络作文评分网，要求学生提交命题作文，从而在课外完成学习—积累—考核等全部的自学活动。

（五）改革期间，教师需对应用语言学进行深入研究

对于中国大学生而言，英语是一种偏陌生的语言学科，并且从语言学的角度来看，语言是一种社会现象。生活在汉语社会中的学生如若没能选择一种行之有效的实践方式，其就会处于能听能写但无法活泛应用的状态下。因此，针对这种“活学不能活用”的现象，教学人员就应及时针对学生的反应状态进行研究，例如学生无法在对话中转换时态时，教师就应针对普遍状况来调整教学方式，直至学生可形成高效率的应用型转换技巧。

第四节　英语教学中应用语言学的有效应用

英语是世界通用的语言。对于许多人来讲，说一口流利的英语不仅是一种技能，还是用来沟通世界的有效途径。对于学生而言，学英语的基本途径就是通过英语课堂实现，从而熟练掌握英语技能，并拥有娴熟的应用能力。应用语言学作为外语教学中的重要组成部分，是语言学的分支，与英语教学可谓相得益彰，将其融入英语教学中，对英语教学具有重要的意义。

一、关于应用语言学的概述

应用语言学属于新型学科范畴。应用语言学的基本构成就是应用和语言学，说明该学科十分注重应用，并且与语言学密切相关。应用语言学从人类语言的角度出发，是介于人类用深刻的语言所得出的理论和语言教学中的一种技巧，也可以称之为是相关活动。

应用语言学定义可以分为广义和狭义。广义的应用语言学不仅要语言教学有联系，也参与到其他活动之中。以外语教学为例，其不单单是关于外语的知识教学和语言学知识应用，还会涉及许多理论，并从这些理论中提取出有效的知识，从而开展应用。因此，广义的应用语言学可以这样去定义。狭义的应用语言学主要用于外语教学，其遵从的理论是教育学理论，主要是对语言教学的理论、原则和方法进行科学、合理的概括，影响其概括效果的因素是心理因素与社会因素。从广义和狭义分析应用语言学，不难发现，其实应用语言学的应用需要遵循某种语言的规则，并用来解决与该语言有关的实际问题。广义的应用语言学研究可以应用到许多学科之中，而不仅限于外语教学，如艺术专业、新闻专业等；狭义的应用语言学则主要针对语言教学，这一系列的教学需要由专业的语言教材、科学的教学方法以及专业的教师指导来共同完成。本文主要探讨的就是应用语言学在英语教学中的应用。

二、应用语言学在英语教学中应用的必要性

以英语教学为代表的外语教学，对于学习者而言会有一定的难度。因为学习者在学习

英语之前，已经有了自己的母语，如何挣脱母语的习惯去适应新语言习惯，这是需要教学者认真思考的问题。在教学中，除了有完善的教学大纲和实用教材之外，最重要的就是明确教学目标，具有灵活的教学方法，并且教学方法要适合学生，可以有效契合学生需求开展教学，使方法行之有效。而这就是应用语言学需要研究的问题。

与其说应用语言学是一种学科，不如说应用语言学是一种活动或者系统工程。将应用语言学与英语教学相结合，可以明确教学的方式。应用语言学可以正确指导英语教师开展教学，明确做到以学生为本。传统英语教学并不注重学生的说，而是将大量时间放在锻炼学生的读、写和听，这种教学方式必然无法激发学生的主观能动性，使英语成为“哑巴英语”。通过应用语言学，可以激发学生学习的积极性和主动性，因为教师已经掌握英语的学习规律，在安排英语教学的时候也会十分重视除了听、读、写环节之外的英语口语练习。不同的学生的英语基础不同，对英语的接受能力也会有很大差异。对于基础较差的学生，教师要重点打基础，鼓励学生掌握基本的英语技能，进行基本练习，具有一定的基础之后再进行深入教学，真正做到因材施教，使学生学习英语可以有阶段性提升。

三、应用语言学的具体应用

（一）教学方法要根据学习目标进行调整

在英语教学中，听、说、读、写、译，每一项都是重点，每一项都可以称之为独当一面的技能。对于学习者而言，理想的状态就是掌握所有的技能，但还是要根据其学习目的而有各自的侧重点。学习英语的目的就是要熟练运用，在今后所属行业与工作中，应用英语解决实际问题，但有些工作的侧重点是说，有些工作的侧重点是写。这就要根据学习去区分，通过应用语言学使学习目标更加明确。

总体来讲，英语教学有两种区别：语法翻译法和听说读写法。如果说学习英语的目的是为了去国外工作，留学，就需要提高口语水平、翻译水平。还有一些书面英语强调的是对于英文专业文献的阅读能力和翻译能力。因此，教师在进行教学的时候要根据学生最终的学习目的和发展方向来确定各部分的教学比重。还有一些翻译人员在学习英语的时候侧重点也会有所不同，有的侧重于口译，有的侧重笔译，而这则充分体现出应用语言学的灵活性。

（二）提高英语技能的方法

在英语教学中，学生通过学习英语，掌握一定的基础之后，就要进行语言技能的训练。学习英语的最终目的虽然有所不同，但是均需要将其作为一门技能掌握。只有通过大量训练才能达到熟练掌握语言技能的目的。

1. 要有良好的语言环境

良好的语言环境有助于培养学生的英语技能，因为任何一种语言都不能脱离环境而存在，也就是语境。为了打造这种环境，可采用直接教学法和功能交际法，为学生创造逼真的语境，使学生可以有身临其境之感，在这种情况下，语言技能训练就会更加潜移默化。恰当的语境，有助于学生在使用语言中不断从脑海中提取有用的信息，如果与这一环境相关，就可以全身心投入其中，促进学生多学，多练，多说。语言是沟通交流的工具，学生在表达需求的时候，会因语境而提取有用的知识点，将其形成实践，这种实践次数越多，就越容易巩固知识，掌握技能。

2. 需要解决的矛盾

在英语技能培养的过程中，会存在一些矛盾，这些矛盾会影响学生的学习效果。第一，语音与非语音之间的矛盾。语音和非语音最大的区别就是，语音是属于有意义的声音，由人类发出，非语音则是没有实际意义内容的声音。第二，快速和慢速之间的矛盾。这主要是由于人的大脑对言语的处理速度决定的。大脑通常对此类信息的处理很快，反应也是瞬时的，相应的语音、字符也会在大脑中形成连续和瞬时的状态，若是很慢的话，就可能不会在人的大脑中呈现。第三，有情和无情的矛盾。情感是人类所具备的一种高级情绪，不带任何感情色彩的言语是不存在的，人与人每一次的交流和沟通，其实都是情感的一次碰撞，只是情感的变化程度不同。

（三）语法与词汇的教学方法转变

学习英语，其实就是进入了一个庞大的学习系统之中。英语技能包括听、说、读、写，以及翻译，这些技能都需要进行全面的训练才有可能熟练。而且，每个技能之间是相通的，互为补充，对于学生而言，全面的语言技能训练很有必要，不过也要有一定的侧重点。在英语教学中，学生通常词汇量掌握有限，而且阅读速度提不上。主要就是因为词汇掌握较少，语法技能不完善，这样就不可能读懂语言。语法是语言的结构，可以通过系统学习来掌握。词汇则是英语的基础，没有足够的词汇量就不可能进行听、说、读、写、译等重要的训练。

在结构主义教学观念中，词汇教学通常是一个被忽视的存在，更多人将注意力放在语法学习上。英语作为世界上的通用语言，其词汇量十分丰富，虽然对于学习者而言，可能不会掌握所有的词汇，但还是需要有一定的词汇量，了解常用的词汇和基础词汇，这样才有助于利用英语进行沟通和交流，解决实际问题。根据新教学大纲的规定，学生在基础阶段、专业阶段所掌握的词汇量共计是 6 000 到 6 500 个，基础阶段的词汇量与专业阶段的词汇量比例是 5:1。也就是说，学习英语，打好基础尤为关键。

第五节　语料库语言学在高校英语教学中的应用

语料库语言学在最初的发展中并没有得到教学工作者的重视，作用只限于英文词语的简单分析。随着英语语言领域的不断拓宽，语料库语言学被广泛应用到英语教学工作之中，因其具有高度的科学性与便捷性，目前已经逐渐得到国内高校英语教学工作者的高度关注。

一、语料库语言学在英语教学中的发展现状

比较语言学等其他语言学科一般都是研究语言与相关领域的关系，比对多种语言间特有的关系。语料库语言学依靠大量的真实语言与数据，通过语料库的途径系统观察与概括英语并总结出相关理论，从而给语言理论的创新提供十分有价值的研究资料。

多数人认为，语料库语言学属于一门独立的学科，因其具有独立的一套教学方法与理论体系。但是在一些研究者看来，语料库语言学本质上是一种研究的方法而非英语语言学的一个分支，这种研究方法能够在大量真实语言的基础上回答一些其他角度难以回答的语言问题，从而在很大程度上丰富了当代的研究方法。从 1960 年开始，语料库语言学受到行为主义思想的影响而开始发展，至今已有长达 50 年的发展历程。

语料库语言学在发展的最初阶段只能进行一些简单的词语分析，此后增加了词语语法属性的相关标注。至今，现代语料库语言学的应用范围变得更加广泛，无论是高校英语语言教学与分析或是词典的编纂，还是人工智能的教学领域，都能看到语料库语言学发挥的重要作用。

经过几十年的发展，语料库语言学的技术层面与理论层面都逐渐趋于成熟，在语言教学领域中的作用更为突出，主要体现在：分析并指出学生在语言学习与运用中经常出现的错误；生成各种有针对性的教学练习；帮助学习者确立语言学习中的优先等级。

二、语料库语言学的主要特点

经过几十年的发展之后，语料库语言学的主要特点已逐渐为人们所熟悉。

第一，语料库语言学的应用性很强。随着现代科技与信息技术的蓬勃发展，语料库语言学的应用范围正一步步走向更广阔的领域，从最初的语言分析、理论研究到如今的英文辞书编撰、高校英语教学以及人工智能领域。随着信息技术手段的进步与英语语言学发展的不断深入，语料库语言学在实际英语教学中的应用必将得到更加迅速地推广。与此同时，英语语言学与其他自然和社会学科交互影响所产生的新成果也必将大大推动语料库语言学的进一步发展。

第二，语料库语言学十分抽象，无论是传统的语料库语言学研究理论还是现代的语料库语言学研究方法，都要通过抽象化的研究方式来构建语言分析的应用规律，从而总结出语言运用的本质方法。

三、语料库语言学在高校英语教学工作中的应用

随着近几年我国普及高等教育工作的不断深入，一部分学校开设了“英语言语学”课

程和其他相关学科，在很大程度上提高了我国高校英语言语教学的水平。然而，作为外来语言的教育，在英语教学工作中的书籍、词典及相关资料文献中，无不蕴含着西方在政治、经济、文化等方面的思想，再加上国内学者对于英语的语言研究水准不是很高，在一定程度上导致了英语教学研究的局限性，也造成了高等教育中英语教学无法从根本上处理好理论教学与实际应用相结合的问题，进而制约了高等教育中英语教学水平的提高。

针对语料库语言学在高校英语教学工作中存在的问题，笔者建议从以下三个方面着手解决。

第一，将高校英语教学的侧重点放在语料库语言学理论和语言运用实践相结合的层面。我国在语料库语言学理论和语言运用实践相结合的方面已经积累了一些十分有用的经验，在国家举办的“九五”社科规划项目中关于“中国英语学习者语料库”方面，桂诗春教授从数据来源中找出了大量关于中国英语学习方面的作文语料，单词量高达百万，并在其中标注了作文中常见的62种错误类型，主要包括词语搭配错误、语法结构错误、语法用法错误以及拼写方面的错误，在指导中国学习者开展英语学习方面发挥了极其重要的作用。

对于我国英语教学今后的走向，笔者认为应当将高校英语教学的侧重点放在语料库语言学理论和语言运用实践相结合的环节上，以便于更加有效地提高学生运用英语的能力。

第二，借助语料库中的英语语言学理论对高校英语教学教材进行整改重编。目前，我国多数高校所采用的英语教材大多成书时间比较久，书籍资料中包含的词汇、语法等知识多半不能适应当前英语教学的需要，尤其是很多教学词条的词汇部分缺乏一定的连贯性与科学性，为此，当务之急就是通过语料库中英语语言学理论对高校英语教学教材进行整改、重编与完善。

第三，语料库语言学以真实语言资料为基础，所有的语料库资料都具有真实性。为了改变传统英语教学中学生被动接受知识的情况，教师可以考虑将语料库引入英语学习以提高学生的学习积极性。如此一来，教师就能够充当学生的“学习引领者”角色，学生可以在教师的指导下检索分析并解决大量与英语语料有关的问题，语料库能够为学生展现大量的语料与真实的例子，使学生得以在真实、直观接触语料的同时有效利用语境并掌握相应的规律。

为了从根本上完善我国的英语语料库，提高我国的英语教学水平，教育工作者应当有针对性地重点整合词汇教学。高等院校是实施英语教学的主体，应当投入大量的人力、物力与财力来进一步优化完善我国的英语语料库系统，为此各大高校可以根据本校教学工作的开展情况，有目的、有组织地进行语料库完善工作，具体做法为，高校通过开展专业课题研究，将构建语料库的工作视为英语教学工作的核心环节，再根据教师的具体教学情况对英语语料库进行完善。

对于高校教学来说，语料库语言学理论能够更好地实现学生自主学习的目标，也为高校英语教学工作带来巨大的变革，能够大大推动英语教学的发展。

四、语料库语言学对英语教学其他方面的意义

计算机辅助翻译领域中可以使用平行语料库来抽取翻译的等价单位以提高英汉翻译的效率。与此同时，从目标语言文本和语料库源语言中提取一些具有稳定共现性的组合单位，能够在很大程度上提高编纂双语词典的效率，减少翻译者的劳动强度。

在修辞学和文体学的教学研究方面，可以借助语料库中的鲜活文本和自然口语数据提供大量的素材。如具体语境当中，如果某些性质相似的词语和关键词反复出现在文本之中，则关键词也就具有了相关的语义特点，这就是我们通常所说的“语义韵”，包括“中性语义韵”“积极语义韵”和“消极语义韵”。所以，学习者如果要判断文本的修辞，只需要搜索某一个关键词语，再抽调语料库中相对应的文本进行语义分析；如果是文学文本，就可以据此进一步推测文本中社会环境、写作背景、思想动态等信息。因此，语料库不仅对文学教学中的语段分析与阅读理解具有重要的意义，还能够充分调动学生参与课堂教学的积极性。

虽然语料库语言学以抽象的状态呈现，但是也具有很强的实用性，不仅体现在高校英语教学中，而且能针对中职院校英语教学发挥出不同的效果；随着文化的发展，人们在日常生活中应用语言学的机会越来越多，也促进了学科的不断进展。

总之，科技手段与信息技术的大力发展使语料库语言学对高校英语教学产生了巨大的影响。语料库语言学既为语法、词汇、修辞、语言学等各学科教学带来了深刻的变革，也推动了英语教学理念与方法的进步，还使得课堂中的信息量更加丰富，在很大程度上提高了学生的自主创造性。笔者认为，语料库语言学必将在更大程度上提高日常写作、翻译等工作的效率，还会全面推动英语教学工作的全新变革。

第六节 项目学习法在高校英语语言学教学中的应用

英语语言学作为和国际相接轨的学科，伴随知识信息化产业链条出现，英语逐渐成为人们生活的第二语言。但是，若要在此背景下，寻找适宜的英语教学方法，提高自身英语水平，是人们亟待解决的问题。而项目学习法是将学生作为教学中心，围绕其开展英语语言教学，使之能够在引导学生积极性和兴趣的同时，倡导英语语言学习的必要性。

一、对项目学习法的思考

项目学习即以学生为核心，通过对教学内容的把控，使之达到探究式教学的过程。英语语言学教学中，其不仅包含学科基础知识的学习，更需要学生将理论知识转化为实践能力。该教学目标的体现，即要求教师完成既定教学任务，还要求全面激发学生的潜能。

项目教学法内，各学习项目的设定均是真实的；各项目具有完整性、独立性的特点，涉及过程施行、结果评价等内容；需要学生具备相应的基础知识。即以项目学习法为前提的高校英语语言学教学，教师可注重对学生潜能的激发，使其能够在健全各教学环节的同时，为学生提供合理的教学环境、充足的教学资源。

教师可在英语语言学教学前，通过对项目主题、理论和目的、方法等内容的明确，拟定相应的教学计划，再通过教学问题的提出，鼓励学生勇于参与教学活动，以便可在落实多元化教学的基础上，做好教学结果的总结、评价。

二、项目学习法在高校英语语言学教学现状

众所周知，英语是现代教学中必不可少的学科语言，虽受到各大院校的关注，但其教学效果仍未达到预期标准，尤其是个别学生的英语成绩，属于各个学科中的垫底成绩。出现此现象的原因，可总结为以下几点：其一，学生层面。学生作为学习知识的载体，不仅要具备消化知识的能力，还应具有知识储备与运用的技能。但是，在现代化教学模式下，英语虽成为基础教学的核心，但由于推广力度的薄弱，使学生难以接触英语，继而在学习中出现手足无措的状态。特别是在单词、语法等知识教学中，“汉语式”语言的存在，不仅使学生难以正确把控英语知识，还不利于课堂教学活动的施行。其二，教师层面。教师不仅是知识的传播者，更是学习的引导者，对教学内容把控的意义更是高于学生自身。但是，在实际情况下，高校英语教师由于诸多因素的限制，使之仍使用“灌输式”教学模式，不仅不利于对学生学习进度的把控，更难以做好教学进度的调整，长此以往，必将导致学生丧失对英语学科的兴趣和好感，使课堂教学变得枯燥、无味。

三、项目学习法在高校英语语言学教学中的有效应用

（一）课题设定

对于高校英语语言学而言，若要满足高效课堂教学的目的，则可在日常教学前，借助项目学习法的融合，拟定针对性项目课题，再以学生现状和学习进度为基准，对教学目标、教学方向予以设定，再做好相关课题的布置。此外，项目课题布置完成时，教师可要求学生在规定时间内做好课题的研讨与总结，再借助下阶段课题的布置，以循序渐进的方式，逐步明确其学习目标，以便更好达到课堂教学的效果。

（二）正确看待单词、语法

单词、语法作为英语语言学的基础内容，更是学好英语的前提。但是，在实际情况下，提起单词和语法，无论是教师还是学习均感到头疼，即教师不知使用何种教学方法，增强学生对单词、语法的理解与记忆；学生则是如何对单词、语法的正确使用感到困惑。对此，笔者建议在日常教学中，正确看待英语单词和语法，融合科学的手段，对单词予以传授，

切勿使用“念读”教学模式。日常引导教学，教师还可借助英文歌曲、英文电影的推荐，鼓励学生对其内容和语言予以欣赏，以此达到单词理解、记忆的目的。

（三）制订学习计划

英语语言学教学期间，学生可依据教师布置的项目课题，自主制订相应的学习计划，再以自身学习程度，完成既定学习任务。即新课程教学前，学生可通过自发组织小组的方式，对学习内容加以思考和讨论，使其能够在巩固已学知识的同时，达到预期学习效果。此外，教师还可依据学生课题完成情况，对其予以评价，再通过相关问题的提出和把控，对学生予以鼓励，使其能够在学习中进步。

（四）引导学生自主学习

高校英语语言学教学活动的施行，教师不仅应注重课堂基础知识的传授，更应逐步引导学生培养自主学习意识，使其能够增强自身的学习能力。即在自主学习前，教师可按照学生的学习情况，逐步调动其学习积极性与兴趣，再通过课堂气氛的活跃，使其能够在丰富课堂教学模式的同时，对学生予以潜移默化的影响，达到引导自主学习的效果。

总之项目学习法在高校英语语言教学中的地位不容忽视，其不仅可增强学生对英语学科的兴趣和积极性，还可强化其对专业知识的掌握，以便能够在加深英语语言学知识掌握度的同时，提高自身的实践能力和创新能力。再者，教师还应做好自身教学观念的转变，以顺应时代潮流为导向，科学使用项目学习法，便于课堂教学活动的顺利施行。

第七节　应用型本科高校“英语语言学”教学存在的问题与对策

近年来，我国教育事业的不断发展对高校教学提出了较高要求。在应用型本科高校中，“英语语言学”是英语专业本科必修的一门课程，主要是为了加强学生对语言知识的掌握，培养其语言意识，提高其综合素养，这对于学生全面发展有着重要作用。因此，教师要改变传统的教学方式，培养出高素质的英语人才。本节在分析应用型本科高校“英语语言学”教学存在的主要问题的基础上，提出相应的解决措施，以供参考。

一、目前应用型本科高校“英语语言学”教学存在的主要问题

（一）教学目标与人才培养目标不一致

应用型本科高校教学的主要目标是培养学生的应用能力，但大部分高校并未把这一目标作为“英语语言学”的教学目标，教师缺少对学生应用能力的培养，只注重讲解理论知识（邓兆红，2016）的现象普遍存在，最终导致学生实践能力较差，进而影响了学生的全

面发展。

笔者对江苏省某高校进行调查发现，在英语语言学教学期间，教师把教学目标放在让学生掌握更多的理论知识方面，使得学生不能把所学的语言知识应用到实际生活中，造成教学资源的浪费。有高校把英语语言学教学目标定位为向学生讲解语言学基本概念和理论知识，使其了解语言的本质和变化规律，提高其学术研究能力。但学术研究能力主要是针对学术型人才而言，并不适合应用型人才。如果教师的教学目标发生偏差，就会与高校发展目标相违背，造成学生在毕业后实践能力较差，难以找到心仪的工作。学术型高校与应用型高校在发展目标上存在差异，前者注重培养学生的理论知识，使其成为研究型人才，后者注重培养学生的实践能力，使其成为应用型人才（杨梅樱，2016）。因此，在日常教学过程中，教师要以高校发展目标为出发点，使人才培养目标与教学目标相一致，从而达到预期的教学效果。

（二）教学内容难以满足应用型人才培养的实际需求

很多教师认为“英语语言学”是一门理论性较强的课程，在设置教学内容时以理论知识为主，使得该课程不能满足应用型人才的实际需求，具体体现在以下三个方面：

第一，教学内容没有体现应用性。笔者对某所高校的学生进行调查发现，75% 的学生不喜欢“英语语言学”，认为这门课程较为枯燥。在课堂上，教师往往注重讲解语言的概念及功能，而这些内容在以后的工作中没有多大用处。有的学生建议教师在教学这门课程时，尽量举一些实例进行分析，把理论知识与实际相结合。通过学生的回答情况可知，理论知识过强、内容相对枯燥是“英语语言学”教学存在的主要问题，这一问题不仅削弱了学生学习英语的兴趣，还影响了其专业水平的提高。在此情形下，教师需要不断丰富教学内容，尽可能多地为学生提供实践的机会，让其把在课堂上学到的知识运用到生活中，从而为培养高素质人才打下坚实的基础。

第二，没有与地方经济紧密联系。高校培养应用型人才主要是为了向社会传输满足市场实际需求的人才，为当地社会发展做出一定贡献。但很多高校在培养人才时，没有充分考虑社会这一因素，教学目标、教学内容脱离当地实际，导致学生在毕业后找不到合适的工作，不能满足用人单位的要求，影响了社会的快速发展。在“英语语言学”教学过程中，很多教师没有将其与其他学科紧密相连（赵鑫，2017），导致各个学科之间出现断层，无法培养出综合发展的高素质人才。

第三，没有以职业岗位需求作为出发点。应用型本科高校应该以职业岗位需求作为基础来培养应用型人才，让其具有较强的实践能力，满足用人单位的实际需求。但根据对高校的调查发现，高校教学内容一般是根据教材目录安排，以各个学科内容作为出发点，没有充分考虑职业岗位的需求，导致学生在学校学习的内容与自己未来的职业规划不一致，难以达到用人单位的要求。在经济全球化背景下，英语专业人才具有广阔的发展前景，学生在毕业后可以到外企工作，从事外贸业务员等；还可以从事教育工作，当一名英语老师等。但这一切职业规划都离不开实践经验和应用能力，所以高校要以职业岗位需求为出发点，加强对学生实践能力的培养，使学生毕业后能够找到心仪的工作，并在就业中占有一定优势。

二、提高应用型本科高校“英语语言学”教学质量的策略

（一）制定合理的教学目标

用英语与人交流、翻译重要文件等都离不开学生的口语表达和实践应用（施维，2017）。因此，教师在设置“英语语言学”教学目标时要以培养学生应用能力和专业技能为基础。在教学过程中，教师要加强对学生应用能力的培养，让其分析语言现象，从而解决交际中的实际问题。在制定“英语语言学”教学目标之前，教师要充分了解人才培养目标，使教学目标更加合理，满足学生的实际需求，提高学生的专业技能。例如，安徽科技学院在商务英语、英语教育等方向开设了“英语语言学”课程，由于学生所学的方向不同，教师在设置教学目标时，应该与学生所学方向紧密联系。对于商务英语方向的学生，教师应注重对商务领域交际特征、交际策略的全面讲解，把语言学知识与商务英语紧密结合，这样不但能够增强学生对语言学知识的了解，还能有效提高学生的商务英语水平。

（二）重构教学内容

语音学、形态学等是英语专业学生必修的内容。在“英语语言学”课堂上，教师要注意各课程之间的联系，把教学重点放在学生没有学过的知识上，确保学生在课堂上有所收获。例如，对于英语教育方向的学生，需要把语言与认知、语言学与外语教学作为必修内容（孙茂华，2017）。重构教学内容能够使教学目标更加清晰，更加符合人才培养要求，不但有利于培养学生的职业核心能力，还有利于提高学生的综合素养，这对学生以后的发展能起到积极的促进作用。对于商务英语方向的学生，要对言语行为理论、顺应论等内容进行扩展，加深学生对各个方面内容的了解。因为商务英语需要学生具有较强的反应力、敏感性，在遇到某一话题时，能够快速反应。

（三）优化教师的知识体系

作为“英语语言学”的教师，要定期反思、调整教学内容，不断优化自身的知识体系，掌握前沿知识，并渗透到教学内容中，从而提高教学内容的时效性。教师要多与其他学科的教师交流，掌握适合学生的教学方法，从而提高学生学习语言学的兴趣。由于语言学学派众多，观点和方法也存在一定差异，因而教师需要将学生实际情况作为出发点（吴宏，2013），不断优化知识体系，全面把握课程重要内容，让学生对自己未来的职业有清晰的规划，这样学生在学习时也能有侧重点，从而提高职业能力。另外，在教学过程中，教师还要为学生提供实践的机会，创设相关情景，引导学生积极动脑，运用语言学知识分析问题，以提高教学效果。在课堂教学结束后，教师还要鼓励学生进行课外学习，让其积极参

与课外实践活动，如英语演讲比赛、诗歌朗诵等，在这个过程中，一方面能够锻炼学生的口语表达能力；另一方面能够锻炼学生的实践能力，让学生具备一定的实践经验，在以后工作中游刃有余。

第八节　高校英语教学中模糊语言学的应用价值

从过去的研究中可以看出，模糊性语言属于特殊语言，在一些特殊情况下比特殊用语更有表现力。在高校英语教学过程中，由于大学生学习的积极性与主动性不高，因此需要教师在教学中应用模糊语言，对英语学习方法和手段进行完善，进而提高学生英语学习的积极性。

一、目前国内英语教学的现状

（一）高校英语教育中教学内容比较落后

近几年，不少高校英语教学内容没有与时俱进，且缺乏明确的英语教学目标；没有恰当地安排英语教学课程。因此，在英语教学方式改革与创新方面没有取得较好的效果，这在一定程度上造成英语专业人才无法满足新时代市场的需求。

（二）目前高校英语教学内容还存在古板与保守的现象

当下高校英语教育的内容还沿袭过去的一些传统内容，教学内容比较陈旧，无法准确反映当下流行的实事，更不能顺应新时代的发展需求，这也就导致高校学生无法体会到学习英语的乐趣，更满足不了相关专业学生对于英语知识的需求，进而使得高等院校在英语教育方面的质量得不到提高，达不到预期效果。

（三）当下高校英语教学所用的手段比较单调

现在高校还在使用传统的英语教学手法，基本都是通过教师来笼统讲解专业英语，也就是像朗读课文一样进行分段分析讲解，然后对所讲内容总结并概括，最后便是学生进行英语知识吸收。这个老师讲授英语知识的过程，很少有学生主动参与其中。这种教学方式使学生无法进行自主学习，根本不能真正理解英语知识。

（四）当下高校英语教育中改革力度不够

目前大部分高校只是把英语教育范畴固定为简单的英语教学方式，既没有创造性也没有实践性，再加上高校的教师学习专业新英语元素的机会较少，一般都是使用传统的教学模式，不仅不能提高学生的自身素质，也无法对教学方法实施改革，从而对高校英语教学的整体质量水平造成影响。

二、产生模糊语言的原因

（一）对语言的理解存在差异性

人们对世界的认识存在差异，因此对某一件事进行描述时，经常会产生偏差，而信息接收者也就对描述的事物产生不同理解，即便是相同的概念，所表述的内容与形式也会呈现出各种效果。

（二）人们的认识存在局限性

人们对于客观世界认识存在局限，无法完全了解整个世界。因此，在人们认识上就会出现模糊语言。

（三）客观世界存在模糊性

目前人们交流过程中，经常使用的工具便是语言，语言能够将人们的真实想法表达出来。但由于语言属于人们思维之外的事物，所以在语言表达过程中，往往会出现很多偏差，导致表述存在模糊性。

（四）语言本身存在缺陷

语言属于人们思想的外化，其自身有很多局限性，无法通过简单语言阐述无限事物。即客观的世界无穷大，而人类语言比较有限，不能通过有限语言表达出无限信息，在阐述过程中，仅能传达少量信息，无法充分表达各种信息。

三、高校英语教学过程中模糊语言学应用的价值

近年来，国内外学者逐渐将语用学和语言学结合在一起分析，英国的舍乃尔从语用学角度分析了模糊语的十点语用价值：提供适合的信息、不想说明的详情、具备劝导性、词义中断过渡、缺乏具体的信息、置换发热作用、自我保护、有力与礼貌、非正式气氛、女性语言。在实际交际过程中，人们越来越重视模糊语言的应用与其语用的功能性，在实际交际中合理应用模糊语言，可以提高交际的效果。

（一）帮助学生含蓄与婉转地表达

实际交际过程中，对于一些刺激性、敏感性话题，应用模糊性语言可以达到回避或者委婉表达的效果。此外，模糊语言运用在涉外教育、政治活动中，可以把话说得比较委婉与含蓄。而且从各种准则中能够看出，在说话时如果想尽可能给他人留有余地，让对方感到受尊重，就要应用模糊语言交谈。

（二）促使学生学会应用生动逼真的语言表达

通过模糊语言描摹一些事物，虽然具有不确定性，但是就可以导致客体和读者在心理上、空间上产生距离，使两者关系变得模糊，进而产生距离美。模糊语言的语用功能比较

特殊，因此在交际过程中，模糊语言有着不可替代的作用，但并不代表任何地点任何时候都可以运用模糊语言。由于模糊语言语用功能有消极的一面，若交际双方无法正确使用模糊语言的语用功能，经常会导致信息的发出者难以准确表达出信息的正确含义，致使信息的接收者不能理解信息用意，从而导致交际困难的现象。

（三）帮助学生加强语言的表达灵活性

模糊语言可以强化语言表达的准确性、灵活性，模糊语言慢慢变成人们交际中重要的方式之一。例如：在进行国际商贸的谈判时，双方如果出现意见相悖的情况，而又不方便直接告知时，往往会采用模糊性语言来表达，这样可以留下一定的余地，不至于将话说死。

（四）有助于学生提高自己的语言表达技巧

在信息传递过程中，不仅要求信息具有较高的准确性、灵活性，还要精简、及时，有时应用精确的语言经常要连篇累牍，但应用模糊性语言只需要简单话语即可。此外，语言符号的传达信息与符号寓指对象间难以达到真正统一，加之信息交流需要即刻完成，所以很多情形下，采用模糊性语言交际，不需要进行细致精确描述，只要进行大致描述就能达到交际的目的。

（五）提高学生语言的表述准确性

语言精确性和模糊性并不会互相矛盾、抵触，两者是相对的、共同存在的，换句话说，模糊属于清晰语言某种程度的模糊。在交际中应用模糊语言，表面上和精确语言相反，但事实上并不会影响到正常交际，相反能够提高语言表达的准确性。例如：She's more or less 50 kg. 此句中没有确定主人公实际的体重，仅说大概是 50 千克，在无法确定主人公正确体重情况下，只能使用 more or less 这种模糊语言，表达出主人公体重所在的范围，也只有这样表达才比较得体、合适。

总而言之，当前高校的英语教学仍存在诸多问题，应用模糊语言可以丰富高校的英语教学方式和内容，以提高学生学习的积极性，激发学生的学习热情，使大学生充分投入英语学习中，提高高校英语教学效率。此外，在高校英语的教学活动中应用模糊语言可以提高大学生表达的有效性、准确性与灵活性，进而提高大学生的交际能力。

第四章　翻转课堂的概述

第一节　“翻转课堂”概念

随着信息技术的发展和普及，很多学校出现了新的教学模式和学习方法，“翻转课堂”作为教学模式的重要变革引起了社会各界的广泛关注，但仍有很多教师对“翻转课堂”存在误解。文章旨在探求该教学模式的概念产生过程及其本质，同时对其功能进行分析和反思，从而为现阶段我国的教育信息化进程提供助益。

一、“翻转课堂”概念溯源

随着信息技术的发展和教学理念的转变，学者对师生关系和教育发生场所产生了新的思考和认识，教师不再拥有“至高无上”的权威，而是更加关注学生的个性发展，倾向于与学生发展平等民主的师生关系；教学也不再是一个仅限于学校课堂才能进行的活动，学生可以通过互联网进行远程学习，在这种背景下，一种新的教学形式——“翻转课堂”（flipped classroom）应运而生。

翻转课堂开始于20世纪90年代。1993年，艾利森•金（Alison King）提出课堂时间应当更加关注学生的知识构建和意义理解，而不仅是传递知识，虽未明确提出翻转课堂这一概念，但这种思想实际上已具有翻转课堂的本质特征。2000年韦斯利•贝克（Wesley J.Baker）在第十一届大学教学国际会议上明确提出“翻转课堂”（flipped classroom）这一概念，标志着“翻转课堂”的正式诞生。国内学者也对翻转课堂这一教学模式有所思考，如蔡宝来等提出，翻转课堂是“对教学时空、过程、理念、结果的根本翻转”。同时，国内也有一些学校对翻转课堂教学模式进行了实践尝试，如重庆聚奎中学、山东乐昌一中等。

二、“翻转课堂”的本质

（一）师生关系的翻转

在传统课堂中，教师决定教学内容，课堂教学活动的推进由教师主导。而翻转课堂中的师生关系更加平等，教师不再拥有绝对的权威，学生可以对教师提出质疑，并与教师展开更加民主的对话；同时，教师的作用也不仅仅是将预设的课程内容传授给学生，而要更加注重帮助学生整合知识、建构知识体系，并对学生进行个别化的、有针对性的指导，帮助学生更好地进行知识的内化和实践运用。因此，翻转课堂实际上是师生关系和教师角色的颠覆性改变。

（二）课堂内容的翻转

在传统课堂中，课堂以教师讲授学科知识为主，课堂内容由教师决定，而师生间个别化的互动主要在课下进行，如学生提问教师答疑、知识应用指导等。翻转课堂是对这一课堂形式的颠覆，在这一模式下，课堂不再由教师主导，而是学生自己的课堂，学生在很大程度上拥有对课堂学习内容的选择权。学生的课堂时间主要用于学生与教师的互动和学生之间的交流讨论，知识学习则在课前由学生观看录制好的视频自主完成。因此，课堂学习与课后学习的翻转是翻转课堂的重要标志。

（三）评价方式的翻转

在传统课堂中，教师往往在讲授完学科知识后以测验的方式对学生的学习结果进行评价，从而对学生加以评判和区分，在这一模式中，测验的目的是筛选。而在翻转课堂中，学生在课前完成视频学习后需要完成一些测验，这些测验在课堂前进行，主要目的不再是评判学生，而是便于教师了解学生自主学习的效果和不足，从而及时调整课堂内容，并更有针对性地在课堂上为学生提供指导，提高学习效率，其目的在于查漏补缺及为后期学习提供帮助。因此，翻转课堂是学生学习结果评价功能的翻转，评价的目的不再是区分学生，而是帮助其进行更深层次的学习。

三、对“翻转课堂”概念及功能的误解及澄清

（一）MOOC 概念内涵

MOOC（Massive Open Online Courses，MOOC）是一种通过网络面向大众提供远程课程的一系列开放性的课程集合。这一概念起源于 20 世纪末期的开放教育资源（Open Educational Resource，OER）运动，2008 年，加拿大学者戴维·科米尔（Dave Cormier）首次提出“MOOC”这一概念。同年，加拿大学者使用连接主义学习理论提出了 CMOOC（CMOOCs），例如 CCK08、DS106 等项目，此类 MOOC 强调知识技能在不同领域的联系，注重社会经验和文化环境对学习效果的影响，学习者基于主题通过交流、分享与互助完成知识的构建和创新，强调学习者自身的积极性和主动性。随后，MOOC 这一课程形式引起了全球广泛的关注，也随着互联网技术的成长得到了迅速的发展，并产生了新类型的 MOOC——XMOOC（XMOOCs）。与 CMOOC 不同的是，XMOOC 是基于行为主义理论提出的，有学者评价该种 MOOC 为“在私有专业网络平台上运行的传统学习方式的网络版本”。XMOOC 侧重知识内容的传播和讲授，其目的不再是促进知识的重构与创新，而

是促进学习者对课程内容的了解与掌握，在这一类型的MOOC中，教师多使用作业联系、测试等方式来保证学习效果。

MOOC因其高度的开放性、便捷性和灵活性受到了很多高校的青睐。早期MOOC主要由高校等教育机构主办，较多地出现于加拿大、美国、英国等发达国家。随后，很多发展中国家也看到了MOOC这一学习资源对提高公民整体受教育水平、鼓励教育创新等方面的积极影响，我国也开始建立自己的MOOC资源，例如，2013年，清华大学开设了“学堂在线”，致力于面向全球提供在线课程。

（二）MOOC与翻转课堂概念辨析

虽然人们常将MOOC与翻转课堂一并而谈，但两个概念间存在显著的差异，MOOC本质上是一种教学资源的集合，是一种课程形式，而翻转课堂实质上是一种新型的教育教学模式，两者不可一概而论。

① 两者所针对的受众群体有所差异，翻转课堂主要针对的是学校班级内部的学生群体，而MOOC面向大众，致力于为各种不同人群提供高质量的学习资源。② MOOC主要应用于高等教育，是由世界众多名校参与开发的一种课程资源平台，为公众提供了大规模的网络视频学习资源，同时，这些资源也大多由名师授课、面向整个社会并免费开放。翻转课堂可用于各个阶段的教学，包括基础教育和高等教育等，是一种新型的教学形式，是指学生课前自主观看视频资源进行学习并在课堂上参与讨论与交流的一种课堂组织形式。

但是，两者在实际教学过程中也存在着很强的联系。MOOC平台为教师使用翻转课堂的教学形式提供了大量的资源。教师不再局限于将自己预计讲授的内容录制成教学视频，因MOOC平台的低准入条件和高开放程度，他们也可以利用MOOC平台提供的众多其他学校的教学资源，从而为学生提供更广阔、更丰富的学习内容。同时，MOOC提供的大量视频资源，减少了教师所需投入视频录制的时间，从而使其拥有更多的时间用于对学生的个别化指导，提高教学效率和质量。

（三）翻转课堂的功能及缺陷

相较传统课堂，“翻转课堂”的教学模式有着很大的优势。首先，学生通过视频在课前自主学习，为课堂的交流与讨论奠定了基础，同时，课堂的讨论也可以帮助学生再次回忆学习的内容并对其进行更加深入的思考，从而整合梳理已学的内容，建构自己的知识体系，这一点在高等教育中尤为重要。其次，在翻转课堂的实际应用中，教师往往将其与MOOC相结合，学生不仅可以观看教师录制的视频，也可以利用MOOC平台提供的大量学习资源。选择范围的扩大使学生有机会自行规划学习内容，也可以选择自己更喜爱的授课方式，从而提高学习兴趣和主动性。最后，因为课程内容的学习已经在课前完成，学生拥有更多课堂时间进行讨论和交流，从而提高自身的表达能力和人际交往能力。

虽然翻转课堂具有传统课堂无法达到的一些优势，但短时期尚难以在我国推广，尤其是在初等与中等教育范围内，其原因如下。第一，翻转课堂这一教学模式本身存在着很大的缺陷。例如，学生课下自主观看教师提前录制的视频进行学习，缺少传统课堂中的师生互动，学生真实的学习效率很大程度上依赖其自觉性，对于自控力不足的学生，这种方式难免影响学习效率。同时，观看视频是一个被动接受知识的过程，学生没有及时向教师提问的机会，教师也不能通过学生的神态、行为等及时获得教学反馈，这将对学生的学习效率和教师对学生学习效果的了解产生一定的消极影响。第二，翻转课堂这一教学模式与我国国情尚存在冲突。相较欧美国家，我国师资力量有限，尤其是义务教育阶段，师生比例较低，教师难以在短短的一节课 45 分钟内对全班五十个甚至更多的同学进行一对一的个性化辅导。

总之，翻转课堂是一种非常流行的教学模式，也是一种在互联网时代十分重要的教育创新行为，教师应发现该模式的进步之处，厘清其本质及其与传统课堂的区别，但也要认清这一方法并非万能的、普适的，在借鉴时也应当更加谨慎地考量学生的自主学习能力、自身教学任务的繁重性等。我们可以将其作为教学手段的辅助和补充，但现阶段，翻转课堂这一教学形式仍难以全面替代传统课堂模式。

第二节　翻转课堂的认知

一、翻转课堂优胜于传统课堂的方面

（一）“翻转”课堂能满足不同层次学生的学习需求

传统课堂都是老师与学生面对面的学习，老师的知识讲解面向的是全体同学，再加上老师讲过的知识不会再倒过来重讲，导致学生会的会了，不会的还是不会；翻转课堂都是学生先观看视频来学习，学生能根据自己的认知水平选择观看的时长，学习节奏快慢全在学生自己掌握，懂了的快进跳过，没动的倒退反复观看，也可停下来仔细思考或摘抄笔记，甚至还可以通过聊天软件向老师和同伴寻求帮助。这样做可以实现让学生将有限的时间用到自己需要攻克的难点上，有助于学生学习效率的提高，实现学生学习的自主性。

（二）“翻转”课堂能激发学生的学习兴趣

传统课堂都是老师按自己的教学环节和教学设计进行授课，学生必须在老师的牵制下进行学习，学生学习知识没有主动权，也很少有选择权，从而导致学生的学习积极性被无形中扼杀了许多；而翻转课堂恰恰相反，它的微视频教学话语精短有活力，画面清晰富有动感，关键知识还能放大特写，很能吸引学生的眼球和注意力，再加上学生的学习不受老师的干扰，学生可以放开自己去学，学习的内容和速度、方式完全由自己来掌控，自然是学的“不亦乐乎”，从而大大激发了学生的学习兴趣。

（三）“翻转”课堂增加了师生、生生之间学习的互动

传统课堂局限于老师问，学生答的教学模式，老师在台上演，学生在台下配合，在这种教学氛围中，师生、生生之间学习的互动空间很难施展开，学生的思维潜力于无形中被掩埋，导致师生、生生之间学习的互动耗时耗力成效不大；而翻转课堂就截然不同，教师的角色已经从传统教学中的表演者转别为学习中的教练，这让教师有充足的时间和学生交谈，回答学生的问题，参与到学习小组的解惑活动之中。课堂上能够节约出大量的时间进行师生互动、生生互动，共同探索学习中的疑点和难点，提高教学质量。

（四）“翻转”课堂能帮助学习有困难的学生

在传统课堂教学方式中，往往最受教师关注的是最好和最聪明的学生。他们在课堂上积极举手响应或提出很棒的问题。而与此同时，其他学生则是被动地在听，甚至跟不上教师讲解的进度。翻转课堂的引入改变了这一切。最让学生们兴奋的是能够暂停、倒带、重放讲座视频，直到听懂为止。而课堂上，教师的时间被释放，可辅导每一位有需求的学生，而往往大部分时间围绕着学习有困难的学生。

二、翻转课堂的问题思考

首先，翻转课堂是为传统课堂做更好地服务工作，但它永远不可取代传统的课堂教学。知识的重点、难点内容、基本的习题和定律、已成定论的观点、基本的方法和规律、基本的演示过程和操作步骤以及每天的作业题，可以通过制作微视频帮助讲解；而思辨性很强的内容、情感性很强的内容、生成性很强的内容，以及必须立足于现场的、有赖于灵感激发、教师风采展示的内容等必须在课堂上学习。

其次，翻转课堂的自主学习离不开微课，微视频，所以就必须要有足够多的优秀教学视频，通常这些教学视频是由任课教师录制并后期制作，那么如果教学视频不好看、不优秀的话，学生是没有兴趣去看的，更别说是提高教学效果了，基于这一点对教师的教学水平和视频制作技术水平的要求是很高的，而这一条件就目前来看是不太成熟的。

还有，翻转课堂对于学生的自律性和意志力的要求是很高的，而且这种自控能力不是一两天能够训练出来的。翻转课堂应用到高校教育教学中比中小学要容易一点，但是对于农村学生来说还是比较难实现的，因为基础还是没有完全达到要求。

另外，翻转课堂要求教师和学生对信息技术要有很好的驾驭能力，学生具有良好的自学习惯，教师要有先进的教学理念等，而这些正是我国一线教师与大部分中小学生所不具备的。我国中小学学生长时间处于一种应试状态，课前的自学无疑对学生造成了压力；对于教师来说，制作视频等又增加了课业负担，这些因素让翻转课堂在中国的中小学中无法流行起来。如何才能改变这一状态，使翻转课堂能够结合中国教育实际情况，而不是照搬外国的教学模式，还需要我们教育界的研究者和一线教师共同探讨，为中国教育的发展贡献自己的力量。

其实，翻转课堂对我们教师而言毕竟是一个新生事物，有其利必有其害。我们也没必要崇洋媚外，关键是我们只要认准的经验，就要坚定不移地走下去。不论怎样改革，都要以“学”定教，发挥学生的主体地位和作用，让学生用自己的脑思考，自己的嘴去说。翻转课堂，不是“推翻”重在“转”，转新形势下的课堂观、教师观和学生观。在课堂教学上谁能相信学生、利用学生，最终才能发展学生、成就学生！学以致用，才是根本。

第三节　翻转课堂的多维度反思

翻转课堂教学模式自产生以来，很快因其在发挥学生主体性、有效整合网络教育与课堂教学等方面的价值与作用而备受推崇，迅速风靡全球。翻转课堂将原来的课堂教学活动翻转到课外，将课外教学活动翻转到课堂内，这实实在在地给课堂教学增添了不少新意，使课堂教学发生了一定的翻转。然而，对此深入探究，可以发现翻转课堂对传统课堂的很多方面实际上并没有翻转，而是基于当下的教育现实情况与学生实际需要，课堂教学的很多方面不宜翻，甚或不能翻、也没法翻。

一、翻转课堂的“翻”与“不翻”

（一）翻转课堂之“翻”

对翻转课堂追根溯源，其开创者之一亚伦•萨姆斯最初想法是“把所有的课堂讲稿都预先录制下来，学生观看视频，作为‘家庭作业’，然后用整堂课的时间来帮助学生厘清他们不懂的内容”。在后期研究中，亚伦•萨姆斯和另一位开创者乔纳森•伯格曼更为明确地指出，翻转课堂就是“学生来上课之前，根据个人情况通过视频或者其他学习课件接受直接教学，而在课堂上，老师将时间用于提高整体教学效果，或者提供学生所需要的个性化教学”。从中不难发现，翻转课堂对传统课堂的核心环节“听课学习”和“作业、解决问题”的次序进行了改变，即将“课堂听课学习、课后完成作业”变成“课前观看教学视频，课堂完成作业、解决问题”。根据胡立如等的论述，当下普遍将翻转课堂理解为“教学流程的翻转”。基于这一共识，对于翻转课堂之“翻转”的解读，又延伸出两种论述。一种观点认为，翻转课堂是“学生先学，教师后教”，传统课堂是“教师先教，学生后学”。另一种观点认为，传统课堂通常包括知识传授和知识内化两个阶段，知识传授在课堂中完成，知识内化则在课后完成，进而指出“翻转课堂实现了传统课堂中知识传授与知识内化两个阶段的颠倒”。

（二）翻转课堂之“不翻”

1.“听课学习”与“作业、解决问题”

如果将课堂教学视为由“听课学习”和“作业、解决问题”两部分组成，那么认为翻转课堂让课堂教学发生了彻底的次序颠倒确有一定道理。然而，课堂教学并非只由这两个环节组成。概而言之，教学过程是学生首先依据课本、参考资料等进行预习，然后老师课内集中讲解教学内容，分析处理带共性的问题，再通过作业等方式进行练习巩固和复习，最后学生根据自身需要和实际情况对所学内容进行深化拓展。可见，教学的环节远非两个，而是包含课前预习、课内学习、课后复习巩固、课余深化拓展等多个环节。若对教学过程进行整体审视，那么翻转课堂未必对教学次序进行了翻转。一方面，即使认可翻转课堂对传统课堂进行了翻转，翻转课堂也只是翻转了“听课学习”和“作业、解决问题”两个环节，预习和深化拓展环节并没有翻转。另一方面，将课堂教学与课外观看教学视频进行细致对比，不难发现二者有着非常大的区别。目前，课堂教学中已较少是教师从头讲到尾，学生自主探究、生生交流协作、师生共同解决问题等已成为课堂教学的重要内核。教学视频能代替的无非是那些诟病多年的教师从头讲到尾，既无互动交流，也无共同解决问题的“填鸭式教学”或“灌输式教学”，而课内互动交流、提问与答疑、共同解决问题等远非教学视频就可代替。由此可见，即使认可翻转课堂对课堂教学进行了翻转，也只是对课堂教学的一个部分，即教师“讲”这个部分进行了翻转，课堂教学中的互动交流、提问与答疑、问题解决等并没有翻转到课外；反之，讨论交流、提问与答疑、问题解决本是课堂教学的组成部分，何来由课外翻转到课内之说?

2.“先教后学”与“先学后教”

教学是教师“教”和学生“学”的有机统一，相关学者对此已有经典的论述，如王策三认为“所谓教学，乃是教师教、学生学的统一活动”，杜威也指出“教之于学就如同卖之于买”。可见，“‘教’离不开‘学’，‘学’也离不开‘教’”，教学过程既是教师“教”的过程，也是学生“学”的过程。翻转课堂变“先教后学”为“先学后教”的观点将“教”与“学”割裂开来，该观点实难成立。其一，传统课堂并不是“先教后学”。诚然，传统课堂中学生的“学”确实要略晚于教师的“教”，因为“听”必然后于“讲”，根据“听”开展的“学”自然也就晚于“教”。然而，教师的“教”与学生的“学”相隔的时间非常短，且二者均发生在课堂内。当然，不可否认对于多数内容，学生除课内“学”外，还需在课外深入学习以充分掌握、深化拓展等。然而，课外“学”与课内“学”更多的只是程度有所不同，而非本质有异。很难想象一个认真听课的学生课内完全“不学”，一定要等到课外才开始“学”。其二，翻转课堂也并非“先学后教”。诚然，翻转课堂中课堂教学的确发生在学生根据教学视频进行“学”之后。然而，学生根据教学视频学习与学生根据教材等“自学”还是有很大的差别。学生根据教学视频进行“学”，其学习过程还是在教师的思路、提供的方法与技巧等的引导下进行，还是会留下教师“教”的“痕迹”或“烙印”。学生通过教学视频进行学习，而又能完全不受教师的思路等的影响，完全置身于“教”之外，这种情况即使有，也是少之又少。

3.“知识传授”与“知识内化”

翻转课堂变“课堂知识传授，课后知识内化”为“课前知识传授，课堂知识内化”的观点，其依据是哈佛大学埃里克•马祖尔将“学习分为两个步骤：首先是知识的传递，然后是知识的内化”的论述。诚然，埃里克•马祖尔的确将教学分为两个步骤，第一步是“information transfer”（译为“信息传递”更恰当），第二步是“do something with that information”（译为“信息加工”更恰当），他将此处的“信息加工”界定为“建构心理模型，理解信息，明白信息和蕴含在信息中的知识如何应用于我们周围的世界”。他针对“部分课堂实质上是‘反刍’印刷材料”，提出采取“让学生先阅读和抄写我的笔记、我的讲授笔记，并阅读教材，然后在课堂上我帮助学生理解他们所阅读的内容”的教学方式。可见，即使完全认可埃里克•马祖尔的观点，他也只认为翻转课堂是对教师从头讲到尾、甘做“复读机”的那类课堂教学进行了翻转。进一步而言，埃里克•马祖尔的观点本身也有欠周严之处。学生阅读教师笔记、教材，观看教学视频的过程，不仅仅是获取信息，也有对信息的初步加工，而且不排除对于部分学习能力强的学生或对于部分简单的内容，学生完全可以借助教师笔记、教材、教案等即可理解与掌握相应的教学内容。当然，若埃里克•马祖尔所阐述的信息加工特指学生在教师的帮助下对信息的深度加工、对相关内容的深度掌握，该观点尚能自圆其说。然而，倘若如此，相关研究者提出的传统课堂中“知识内化”是在“课后”的说法就无法成立。可见，不顾情况的差异性机械套用这一划分，其结果难免“差之毫厘，谬以千里”。

二、翻转课堂的“长”与“短”

（一）翻转课堂之“长”

乔纳森•伯格曼和亚伦•萨姆斯较为全面地总结了翻转课堂的优势，所归纳出的优势大致可分为三种情况。第一种是翻转课堂“让忙碌的学生不再落课；让更多的人受益；使课堂变得透明；当无法出勤时，翻转将成为教师最得力的教学工具”。这些优势的确为翻转课堂所拥有，然而此类优势并不为翻转课程所独有，网络课程、混合式学习等也具有。第二种是翻转课堂“让能力各异的学生变得更加优秀；建立积极互动的学习氛围；使真正的差异化教学成为可能；改善学生的课堂表现”。这些优势是否为翻转课堂所具有取决于翻转课堂的开展情况，若翻转课堂开展得好，会具有这些优势，反之则不具有。第三种是翻转课堂“符合当今学生的习惯；与学生及时沟通”。翻转课堂是否具有这些优势尚需进一步检验。对于“符合当今学生的习惯”，两位开创者述及“我们经常会发现他们（学生）边做数学作业，边给朋友发短信、在 Facebook 上发即时消息、听音乐”。边做作业边做其他事与“学习需专心致志，切忌一心二用”的观点相抵触，而且网络教学中学生转而去做与学习无关的事屡见不鲜。翻转课堂是否更符合当今学生的习惯尚需心理学、教育学相关理论的支撑以及更大范围的实践检验。同时，学生此种习惯是否良好，教学是否应去适应此种习惯亦有待进一步研讨。对于“与学生及时沟通”，在翻转课堂中学生观看教学视频时若有疑问，一般需等到课堂上才能向老师提出，沟通不但不及时，反而有一定的延迟。

学生在学习的过程中所产生的疑问大多需要及时解决，若无法及时解决则可能对后面的学习有很大影响。格雷厄姆•约翰逊的研究亦发现部分学生“因他们在家观看教学视频时无法立即提问而感失望”。翻转课堂是否有利于“及时沟通”也有待进一步理论探索与实践验证。

（二）翻转课堂之“短”

乔纳森•伯格曼和亚伦•萨姆斯所归纳的翻转课堂之问题与不足，可概括为三个方面。一是“很多学生缺乏成为独立学习者的基本技能”；二是“学生缺乏时间管理技能以及把学习习惯和自己的长期目标结合起来的技能”；三是“很多学生不熟悉、也不善于自我反省和自我指导”。可见，翻转课堂所遇到的问题主要在于学生的自主学习能力、时间管理、学习习惯、自我反省与自我指导等方面，这些问题与尊重学生差异性、发挥学生的主动性、注重学生学习自主能力培养的教学改革实践所遇到的问题颇为类似。翻转课堂将教师“讲”翻转到课外，无疑会大大增加开展活动、互动交流、作业练习、共同解决问题等的时间，但与此同时亦不可避免地会增加教师、学生所用时间与精力，对学生的学习主动性、自主学习能力提出了更高的要求。除前面提及的不足之外，根据翻转课堂的性质特点、类似教学改革活动的经验与教训推断，翻转课堂若操作不当，容易出现以下两个方面的问题：其一，翻转课堂用教学视频代替了教师“讲”，其教学方式主要为“讲授式”，只是由“人讲”变成了“机讲”；翻转课堂容易滑入让“填鸭式教学”披上信息技术的外衣，让“灌输式教学”实现由“人灌”转变为“机灌”的“飞跃”。其二，自主学习能力、学习自觉性、学习习惯等对翻转课堂能否顺利实施、能否取得预期效果有着至关重要的影响；根据“学案导学”等与之类似的教学活动的开展经验与教训推断，翻转课堂容易出现课堂为少数“精英”所主导，易埋下学生两极分化的隐患。

三、翻转课堂的“行”与“止”

（一）翻转课堂并非必然优于传统课堂

翻转课堂对学生自主学习能力、学习习惯、自控力等有一定的要求，这意味着翻转课堂能否顺利开展并取得成效不仅取决于教师的设计与准备，也取决于学习者的自主学习能力等是否达到要求以及教学内容的难度等。这决定了翻转课堂并非适合所有学科、所有学段，只是一种适合一定学生群体、一定学习内容的教学模式。对于自主学习能力等尚未达到相应水平的低段低年级学生，面对面、手把手地“教”在一些情况下也是必需的；对于部分自我管理能力、自控力相对较弱的学生，翻转课堂所倡导的课外“自主”观看教学视频很可能变为“自我放纵”，使翻转课堂的“放手”演变为“放羊”；对于部分专深难的内容，没有教师的引导以及教师对疑问等的解答，学生可能很难理解与掌握，这可能导致学生在迷途中“徘徊”或“知难而退”，这对教学的效率与效果均有很大的影响。因而，根据翻转课堂的特点以及教学现实情况等，翻转课堂也须知其可为，知其不可为，在其不擅长的地方应止步。教学实践中宜有效整合翻转课堂与传统课堂之所长，对于不同学习者、不同教学内容，部分学习者、教学内容应用翻转课堂教学，部分学习者、教学内容应用传统课堂教学未尝不可。

（二）翻转课堂并非必须教学视频

目前有一种观点，认为“翻转课堂的核心内容就是教学视频，教学视频是翻转课堂的关键点之一”。将是否使用教学视频作为判断翻转课堂的标准，认为只有应用了教学视频的才属于翻转课堂。此观点实际上模糊了翻转课堂的本质特点。翻转课堂的内涵是“教学流程的翻转”，是否应用教学视频并非其本质特征。翻转课堂是学生借助相关学习资料完成课堂上听教师“讲”这个环节，在课外再现教师“讲”，可以通过教案、学案等纸质材料以及教学录音等来实现，这类教学都有翻转，只是没有应用教学视频这一媒体形式而已。同时，从媒体更新的角度而言，教学视频在可预见的将来极可能被替换，当虚拟现实技术、人机交互技术、智能技术等足够发达之时，比教学视频更先进的智能教师、虚拟教室等完全可能让翻转课堂再换“新颜”。在教学实践中，教学视频也并非一定优于纸质材料和教学录音。在翻转课堂的开展过程中，是否应用教学视频应视学生、教学内容、教师、资源与条件等具体情况而定，根据具体情况选择适宜的纸质、音频教学资源亦是可行之道。

（三）翻转课程并非必须课内外完全颠倒

在翻转课堂实践中，既涌现出了众多借助翻转课堂实现教学理念转变、教学过程优化、教学效果提升的案例，亦不乏有名无实的为了翻转而翻转的现象。后者更多的是在追求课堂翻了没，课内外颠倒了没。事实上，翻转仅是教学的方式方法，是其形式，而非教学的目的与实质。翻转课堂在具体实践中最终要落脚于促进学习者学习效果、效率和效益的提升，而非停留于“翻转”这一形式，有名无实的翻转课堂比没有更糟。在当下教学实践中，须注意避免应“翻转”之名，必须将课外翻转到课内，课内翻转到课外；应由强调是否课内外颠倒，转向更加关注针对特定的学生、特定的教学内容，翻转课堂的实际效果如何。根据实际需要，课内的某一部分翻转到课外，或课外的一部分翻转到课内也是可取的，抑或课内的环节转变为课内、课外都进行，或课外的环节转变为课外、课内都进行，诸如此类均符合翻转课堂通过改变教学流程以优化教学的理念。

翻转课堂使传统课堂的“听课学习”和“作业、解决问题”两个环节发生了一定的改变，但是翻转课堂远未颠覆课堂教学的整体流程与次序。翻转课堂并非全新的教学模式，与“学案导学”等在教学理念与实施流程等方面具有一脉相承性。翻转课堂亦非一定优于传统课堂，只有将其提供给适宜的教学对象，应用于适宜的教学内容方能取得预期的效果，不分情况一味地应用与推广翻转课堂迈向的可能不是“理想彼岸”而是“灾难深渊”。“教学视频”并非开展翻转课堂所必需，翻转课堂的本质特征是“教学流程的翻转”，而非“教学媒体的换代”。宜将“翻转课堂”视为对课堂教学流程的一种改变，“翻转”并非一定要课内外完全相互颠倒，二者的一部分相互翻转或二者中一者翻转未尝不可。在教学实践中应重点关注翻转课堂的“实效”，而非“翻转”这个动作是否“标准”。一言以概之，对于翻转课堂这一舶来概念，宜辩证看待，既充分认识其优势，也正视其不足；根据实际需要将其应用于适宜的对象、适宜的内容、适宜的情境方可取得预期的成效。

第四节 翻转课堂中的三个结合

科学技术的迅速发展，越来越深刻地影响着人们的生产、生活和思维方式，科技对社会的推动作用日益明显。科技对教育的影响不仅体现在教育内容的更新上，还体现在科技成为教育的手段，正在逐步改变传统教学模式上。教育部《教育信息化十年发展规划（2011—2020）》提出：“推进信息技术与教育教学深度融合，实现教育思想、理念、方法和手段全方位创新。”高校思想政治理论课探索翻转课堂，是利用现代信息技术对教育资源的开发与应用，是促进教学改革提高质量的有效途径，也是教育信息化发展的新事物。翻转课堂在实施过程中，应做好课前与 MOOC 相结合、课堂中与以问题为基础的教学方法相结合、课后与综合评价相结合，从而促进翻转课堂有效开展。

一、翻转课堂与MOOC结合的必要性

翻转课堂由“Flipped Classroom”直译过来，是指一种与传统课堂相对而得出的教学模式。翻转课堂要求教师上课前让学生在线上学习知识，课堂上教师主导答疑解惑，颠倒了传统课堂讲授顺序。这种课堂翻转了传统学与教的顺序、时间的安排、角色的变换和实施流程，重新设计课前、课内、课后教学模式，通过知识传递、知识内化、知识巩固达到教学目标。根据教学场地的不同，翻转课堂可以分为课前网络在线学习—课堂场所线下学习—课后线上或线下任务完成。MOOC 作为一种新兴的教学模式，已在国内一些高校开始实践，基于 MOOC 的混合教学模式已初显端倪，成为高校教学改革的一个新思维。

（一）MOOC 是翻转课堂的有效平台

传统课堂教师教在先，尽管事先也会要求学生先预习，但这个环节往往实行不易。翻转课堂首先翻转了学与教的顺序，学生学习在先，从而让这个环节成为一个内容丰富与生动的过程。

翻转课堂课前在线学习可以通过 MOOC 平台来完成。翻转课堂的课前学习，并不是简单让学生完全自学，而是教师有计划，有主导性地安排。课前学习对课堂教学具有奠基作用，因而，课前学习对翻转课堂来说是一个重要环节，而信息技术成为这个环节上的有力杠杆。MOOC 是充分利用信息技术建立起来的大规模网络开放课程，是建立在网络上的学习系统，具有开放性、规模性、完整性、无限性的特点，给学生自学提供了良好的条件。在 MOOC 中，学生可以通过观看教师录制的知识讲解视频，接着完成练习并参与交流讨论，

回答问题或是提出问题，还可以在网站上接受其他资料信息，从而完成对知识的课前学习。翻转课堂课前学习是通过 MOOC 这个平台动态展开进行的。

利用 MOOC 平台展示也是翻转课堂课后交流的一种有效手段。翻转课堂课后需要完成的教学内容是丰富的，各种形式上的学习成果通过 MOOC 平台展示，既可以让学生之间开展成果对比，也可以让教师对学生成果的评定透明公开，督促学生认清不足的同时，激励先进。

（二）MOOC 有利于学生主体性的发挥

翻转课堂的重要目标在于培育学生的主体性。人是有个性的人，每个人的知识构成不同，知识水平不同，接受能力不同，兴趣点也不同。不同个性的教师在同一教学过程中表现出的状态与结果也会所有不同。然而，要使每个人都尽可能最大限度地发挥主体性是很困难的，但是又是非常重要的。主体性是指人意识到自我存在，能够发挥自己的能力解决问题，包括主动性、目的性、创造性、选择性。MOOC 中学习的资料信息是多样的，可以满足学生不同需要，学生可以自己决定综合选择哪些方式进行学习。在信息技术支持下，通过 MOOC 平台学习活动有声有色地开展，网络模块设计多样、个性化协作式学习得以实现，学生的自主性得到重视与发挥，便于学生的成长。而且，MOOC 提供学生在线交流，学生并不是被动回答一些问题，而是可以提出问题并进行讨论辩论，甚至学生还可以留下一些信息资料供他人使用，这些对于学生的创造性发挥也是有所帮助的。在翻转课堂实施的课前与课后环节，学生的主体性都能够在 MOOC 平台上得到发挥。可见，翻转课堂与 MOOC 结合是很有必要的。

二、翻转课堂与以问题为基础教学结合的可行性

翻转课堂课前的在线学习任务已经在 MOOC 平台上完成，因此，课堂场所线下教学不能再把课前学习任务重复演一次，课堂上进行的教学活动应当是对知识教学的一种拓展和提升。翻转课堂中，“课中师生活动的中心环节分别是教师‘组织讨论有关问题’环节以及与之相对应的学生‘讨论有关问题’环节”。PBL（Problem-based Learning）教学是以问题为中心，以自主或小组学习进行研究性学习的一种方式。翻转课堂与 PBL 教学结合起来，对知识的重新组合以完成教学任务，具有一定的可行性。

PBL 教学是对知识综合重组提升的有效方式。PBL 教学以问题为研究突破口，主要通过小组学习进行。翻转课堂的课堂场所线下学习，是对课前线上学习知识的一种提升，线上学习仅是对单个知识的学习，场所线下学习，教师可以通过问题模块设计，注意问题设计的广度与深度，把各个知识点综合起来。通过学生小组研讨、交流、汇报表达，教师再对问题进行归纳、点拨与提升，以提高学生对知识进行综合理解与运用的能力。

建构主义认为，学生不是空着脑袋走进课堂的，学生或许还对教学内容不熟悉，但他们本身具有一定的其他方面的认知，会根据自己的经验对学习内容进行信息选择与加工。

而且，学生只有主动对知识进行建构才能获得知识，学习是一个交互作用的过程；学习环境是由情景、协作、会话和意义建构四大要素构成。教师要积极地构建学习环境，利用学生已有的知识和经验，创设一定的问题，设置相互交流、讨论的环境，从而帮助学生建构新知识。以问题为基础的教学充分展现了建构主义的学习理论。以问题为基础的教学中，教师设置研讨问题，既围绕教学知识点，又基于学生已有的知识与经验，学生之间相互沟通与交流，对问题的理解进行充分沟通，从而建构起对知识的框架。翻转课堂的课堂场所教学中教师对讨论问题的总结归纳与点拨，使得学生对问题有整体的清晰认识。以问题为基础的教学在翻转课堂的课堂场所教学中起着非常重要的作用，两者都是围绕问题进行的。在这样的过程中，学生的主体性得到充分发挥，他们自主选择信息进行充实、批判和建构。这在一定程度上也需要教师不断提高自身的教学组织与理论知识水平。

三、翻转课堂与综合评价结合的重要性

完成课程后需要对学生学习的结果进行考核，考核评价标准既要客观评价学生的学习状况，还要能激励学生内在的学习动机，同时对教师教学也能有客观的评价。翻转课堂实施中要注意进行综合评价，以使教学改革更有效。

（一）翻转课堂各环节是学生学习过程，综合评价才能有利学生成长

一门课程的评价标准应以教学各环节活动为考核，运用恰当有效的衡量方法，系统对照学生学习行为信息进行考核。翻转课堂的考核评价依据需要对课前 MOOC 学习情况、课堂讨论效果及课后检查作业为内容，对学生的知识和能力水平进行价值判断。翻转课堂环节多，各环节实现的途径多，学生完成任务多，形式也多。因而在评价学生课业时，必须用综合评价方式。评价应当是多角度的，对学生认知水平、协作能力、运用知识、个性品格、负责担当等都要考虑在内，才能对学生各环节的评价有正确的标准，不能仅以试卷考试成绩或其他某一个环节结果作为整个翻转课堂学习的结果评价，要综合评价学生课程学习情况，肯定学生的成绩，指明学生学习中的不足，这样才能促进学生的成长。

皮亚杰认为，同化与顺应是知识内化的两个机制。同化是主体把环境因素归入主体本来已存在的图式中，起着丰富的作用，引起图式的量变。顺应是主体对环境因素不能同化，要以一种新的图式或调整原有图式才能适应环境，主体认知图式发生了质的变化。知识内化与主体对环境因素的接受情况相关，是主体利用原有认识图式，包括原有理论知识、价值观及认知方法在内的变化，而这种变化是需要一定过程的。从课前观看视频学习开始，每个学生知识内化中会出现渐进性，知识的学习也是一个由量变到质变的过程，在每个环节的评价标准上，应当给予学生一定的鼓励，让他们有信心。把课前、课中、课后都考虑在内，综合评价，对学生学习结果有正确的价值判断，让学生既能够产生自信，又看清自己的不足，找准以后学习的方向。

（二）综合评价能促进翻转课堂各环节更有序

评价的科学性与有效性是体现教学实践的实际情况并能促进教学改革的重要一环。翻转课堂课前线上观看视频、参与讨论、提交发言、提交练习；课堂场所教学包括小组讨论、个人发言、集体协作，课后作业完成与提交等，多种场所及教学活动的组成也要求评价方式与标准必定是综合性的，才能正确判断教学活动的成效。翻转课堂评价内容应包括“认知方面、过程方面、情感态度方面”，这对教学活动有序进行及向更优方向改变起了极为重要的作用。

翻转课堂实施借助现代信息技术展开，能充分发挥学生主体性，并对教师的主导性提出了更高要求，这是时代发展的趋势。结合 MOOC、BPL 教学和综合评价这三个方面，充分利用信息资源，翻转课堂将变得越来越可能和现实。

第五节　翻转课堂的“技”与“艺”

伟大的教学是一门艺术，伟大的艺术依靠基本技能的掌握和运用，而这些技能需要个人勤奋地学习才能获得。在“互联网 +”浪潮席卷教育领域的今天，信息化教学手段普遍地应用于课堂教学，新颖的教学课件、教学软件大量地开发与应用，冲击着传统的教学模式。科学技术的进步使教学的内涵得到了极大的延伸与扩展，也为教师施展教学艺术创造了广阔的空间。翻转课堂是网络背景下产生的一种教学模式。在翻转课堂模式中，教师在课前将教学内容制作成视频发送给学生，让学生自学，回到课堂上教师对学生没有学懂的内容进行解难释疑，学生成为学习的主体，教师起指导作用。它用一种逆向思维的形式颠覆了传统课堂的师生关系，强调了学生的自主学习，也考验了教师的课件制作能力和课堂把控能力。网络与课件是技术层面因素，是静态的，而教学设计及其课堂实施则是艺术层面因素，是动态的。

一、翻转课堂的技术因素——课件

课件是翻转课堂的必备要素，在翻转课堂的实施中起着重要作用。翻转课堂的课件根据用途分为两种类型。

（一）课前发给学生的课件

通过网络将教学内容制成视频以课件的形式在课前发给学生，让学生课前自主学习。学生观看视频进行学习，再通过学习资料巩固练习。

（二）课中解难释疑的课件

学生通过课前自主学习，是否已经按要求掌握了学习内容，学习的过程中存在怎样的问题，还有哪些问题没有解决，这些问题可以在课堂中通过提前准备的课件进行检测和释疑。课堂教学对学生课前自学起到补充和深化的作用，学生将学习情况向老师反馈，对教学内容掌握得正确与否需要得到教师的认可，而学得不透或没有学会的内容需要教师在课堂上进一步讲解。教师将难点内容提前做好课件，便于学生深入理解，进而解决问题。

（三）课件的设计与制作

课件设计要求内容简练，目标明确，重点突出，能够激发学生的兴趣。

熟练掌握相关技术是制作课件的前提，课件制作的质量直接决定着学生的学习效果。学生自学时没有真实的课堂情境，缺少师生互动，注意力不容易集中，能否顺利达成学习目的，关键还是要看课件的制作是否简明易懂、引人入胜。因此，制作课件时力求形式丰富多样，能用图片则尽量不用大段文字，能用视频则更加生动活泼，插入声音使学生有亲切感，教师讲解的形象出现在课件中能让学生产生身临其境的感觉。教师需要熟练掌握视频、声音的录制与后期制作技术，这样才能达到理想的效果。

二、翻转课堂的艺术因素——课堂

好的课件能为教学增添生动的色彩，但课件不是万能的，翻转课堂并非把内容布置给学生就完成了教学任务，教学理念和教学设计最终是否达成了目标才是教学的核心，学习的效果需要在课堂上去检测。因此，翻转课堂的另一个重点是课堂。

（一）让课堂发挥“项目答辩”作用

教师通过了解学生的前期学习效果后，将需要解决的问题分设成若干个小项目，学生通过讨论，分小组进行答辩。通过项目驱动，调动学生的主观能动性，挖掘学生的探究潜力，从而将问题各个击破。

（二）营造课堂研讨的氛围

问题是课堂教学的意义所在。教师将未解决的问题重新抛给学生，让学生取长补短，通过小组合作，共同研讨，使一些疑难问题在课堂学习中自行消化。教师艺术地引导则在其中起着关键作用。相比传统的教学，学生通过自己的探索获取知识，增强了学习的自信，培养了合作探究能力。

（三）让课堂释疑解惑更具针对性

根据学生的讨论反馈，将课前学习中遇到的问题一一呈现出来，已经掌握的知识无需再讲解，教师只需要针对存在的问题进行引导和释疑，营造“问题先导”的课堂情境，节约了课堂教学时间，同时也使学生对所学知识的脉络更清晰，领会更到位。

三、翻转课堂中“技”与“艺”的关系

小提琴家帕格尼尼曾说过：“美妙的音乐并不在乐器上，而是在演奏人的心里。”这句

话形象地说明了翻转课堂教学中技术与艺术的关系。多媒体课件、微课视频、营造情境的音乐……这些新技术区别于传统课堂教学，能够吸引学生的注意，调动学生的情绪，使课堂氛围更加活跃、生动，好的课件使教师在教学中得心应手。但不是好课件在手，就一定能产生高效课堂。不难发现，同样的课件，不同的人使用，产生的效果有很大的差别。

（一）技术的艺术内涵

课件的制作与运用要独具匠心，体现艺术性。教师根据备课内容结合课堂教学情境自己来制作课件是最好的选择。充分地解读教材，设定教学目标，找到教学的重难点，将要解决的问题在课件中着力展示，帮助学生领会。教师巧妙的设计，结合技术手段，了解学情，做到生生互动，师生互动，才能真正发挥课件的作用。

（二）艺术的技术因素

高效的课堂实施需要教师拥有高超的教学艺术，而教学艺术又离不开“启发”“引导”“激趣”等技术因素。有的教师的课堂教学特别精彩，有的教师的课堂教学如白开水，原因何在呢？不是教材内容不够好，也不是课件制作得不够好，而是驾驭课堂、把握学生的方法有问题。翻转课堂与传统课堂的区别在于，学生在课前已经学习了教材主要的内容，在课堂上教师再去按部就班地讲授该内容，难以引起学生的学习兴趣。教师需要重新找到学生的关注点，设置课堂教学情境，吸引学生的注意力，把握好课堂节奏，机智地处理课堂突发问题，善于运用启发性、趣味性的语言把学生的注意力从自学时的迷茫转移到解决问题的轨道上来，从引起思考到讨论交流，主观能动地投入到教学活动中。

（三）“技”与“艺”的交融性

要重视技术，但不能盲目崇拜技术……真正的艺术是将技术不着痕迹地融于其中，而不是被所谓的“高科技”“大制作”喧宾夺主。翻转课堂中“艺术”与“技术”之间是相辅相成，互相烘托的关系，不能过分强调一方的作用而忽视另一方的作用。翻转课堂教学中既要让课件紧紧围绕教学需要而制作，又要灵活地把握课堂，发挥课堂应有的作用，避免对课件产生过度依赖。

第六节　翻转课堂的“热”与“冷”

21 世纪以来信息技术蓬勃发展，网络渗入了生活的方方面面，“互联网＋”成为各行各业发展的趋势，教育也随之发生着巨大的变革。基于教育信息化的学习新方式和教育新模式的开发成为教育改革的重头戏，翻转课堂便是其中之一。翻转课堂从引入开始便受到了许多教育者的追捧，形成了发展的大“热”趋势，但这种急剧膨胀也引发了学界的一些担忧，指出需对翻转课堂进行“冷”静的思考。

一、翻转课堂之"热"

在美国，翻转课堂所促成的"翻转学习"已经得到96%的美国中小学教师认同，已有78%的教师在学期中翻转了一门课程。而在我国，重庆聚奎中学为首的多个学校均已进行了翻转课堂的教学实验，2013年，华东师范大学MOOC中心与20余所国内高中成立了C20 MOOC联盟，开启了"MOOC＋翻转课堂"的新模式。目前，越来越多中小学加入了翻转课堂的实践大军。翻转课堂短短数年间呈现发展的大"热"趋势，自是有其独特的优势。

（一）学生主体地位的体现

相较于传统课堂教师对课堂的完全控制以及相对单一的教学方法下学生对知识学习方式的单一性，翻转课堂下，教师失去了完全的控制权，只能对学习活动进行适当的引导与促进。课前学习环节，学生可自由选择学习时间和学习地点，在学习过程中还能依据自身的独特学习风格选择合适的学习方法来处理学习材料。而且可以自由地暂停、重复学习有困难的内容，掌握了学习的主动权，实现了个性化的学习。在翻转课堂的课上环节，课堂活动主要围绕着对学生已学知识的检测，针对问题进行单独思考或开展互助合作活动以及对学生疑难的个性化解答，教师的所有活动设计都是针对学生的学习水平和学习困难。如此设计和开展的教学活动能更好地了解学生实际的学习需求，做到有针对性，切入点明确地解决学生问题，促使学习者自觉主动地完成知识内化，充分体现其主体地位。

（二）学生高阶思维的培养

伯格曼和萨姆斯指出翻转课堂不应再侧重于信息的传播，更重要的是学生在教室里的活动。翻转课堂需要学生更深层次的理解和参与，以此来帮助学生解决困难，扩展更深层次的学习。翻转课堂的课上环节，提倡以联系实际的问题解决为重点，课堂上的活动不再是对知识的识记等低阶思维的培养，而更多的是通过操练来巩固、突破、应用。有学者指出翻转课堂的线下环节（即课上环节）的重点组成要素是巩固强化、系统梳理、拓展加深、探究创新。其中拓展加深及探究创新过程在传统课堂中往往因为课时限制而被搁置。但在翻转课堂中，课上的大部分时间都用以进行该活动。在这些拓展和创新的活动中，学生能够获得问题解决的机会，将对知识的掌握水平从识记和理解提升为能对知识进行应用、分析、评价和创建。这种改变极大地弥补了传统课堂中学生缺乏知识运用能力、思维水平较低下等缺陷。不仅如此，在课前环节中，学生对学习材料的自主处理也能更好地提高其自学能力，帮助形成适合自身的学习策略。对学生高阶思维的培养，无疑是现今教学的更高追求，能充分体现翻转课堂这一教学模式对现有教学模式的改进与提升。

（三）教学资源的开发和有效利用

随着翻转课堂的兴起，越来越多优秀教师开始投入教学微视频的制作中，制作精良与教学配套的微视频数量大幅增加。翻转课堂为优秀教学资源的开发提供了强大的推力。同时，这些优良的教学资源通过网络实现了资源的共享和更大程度、更有效的利用。一个微视频可以使用到若干个不同地区、不同教学水平的课堂中，为教学资源匮乏地区提供了大量的优质资源。翻转课堂及 MOOC 等为促进教学资源的均衡发展提供了新思路，有学者就通过融合翻转课堂与 MOOC 构建出均衡教学资源的模型来提升资源匮乏校的教学效果。

二、翻转课堂之“冷”

翻转课堂的蹿红从一定层面上显现出现代信息技术的强劲吸引力，但是翻转课堂的核心并不是微视频制作技术。翻转课堂能否保持长久的生命力，最终还是要取决于能否达到较好的教学效果。翻转课堂的新潮带来的大热迟早会退去，这就要求我们冷静下来，理智地辨别其优劣，了解实施中的缺陷。

（一）“减负增效”的质疑

“减负增效”是当前教学改革的重要追求。翻转课堂萌生时，被认为将学习内化放在课堂内解决，所以减去了学生回家完成家庭作业、内化知识的负担。将知识学习放到了课后，突破了教学时长的限制，极大提升了教学有效性。然而经过一段时间的实践，质疑日益增多。

从学生角度来看，将知识传递翻转到课外，要求其自行观看教学视频，为达到初步掌握知识的水平，可能需要反复观看视频，同时记录和查询遇到的问题。虽没有了传统的纸笔式家庭作业，但却又形成了新的并且甚至任务量翻倍的“家庭作业”。从教师角度来看，知识传授环节的微视频的制作极大地加重了工作量。许多不具备信息技术操控能力的教师需要花费大量的时间来掌握视频制作软件。哪怕是能熟练掌握视频制作技术的教师，仍需耗费大量的时间和精力。每翻转一个新内容都需要制作新的视频，视频量的要求极大，为使视频达到其预设效果，视频质量的要求也极高。因此，翻转教学从一定程度上加重了师生的负担。

而从翻转课堂的效能进行考虑，学生的“先学”真正完成了学习，而不是任务式的粗略完成吗？课堂上的内化活动设计真能有效达到知识内化，而不是再次机械重复简单知识吗？学生的高阶思维真能在教学活动中得到培养，而不是游戏式地参与花哨的活动吗？这些都是值得翻转课堂实施者需要考虑的问题。

（二）师生素质要求的提高

翻转课堂高效的达成是基于对教师和学生都具有较高素质的假设，然而这种假设在我国现阶段并不能实现。教师方面，从能力要求上看，翻转课堂的实现要求教师具备良好的现代信息技术能力，能够制作符合教学要求的微视频。然而我国大多数教师在接受师范教育时只接受了基础办公软件的学习，信息技术水平有限，能单独制作微视频的教师数量十分稀少。从观念要求上看，翻转课堂要求教师树立“学生主体，教师主导”的教学观念，基于这种观念的指导才能更好实施教学。但是我国“尊师重教”的传统下，“教师中心”的观念根深蒂固，这对教师观念的转换也提出了较高的要求。

学生方面，首先对物质条件提出了要求，翻转课堂的课前环节需要学生在移动终端上进行，这就要求其必须具备一定的物质条件。其次还对能力提出了要求，学生需具备一定的自学能力，能通过一些自学的策略来完成课前知识传递环节的学习任务。同时还需具备较高的信息技术水平，能正确进行网络操作观看视频，同时查找相关信息。并且在上网的过程中还要求有一定的自制能力，才能自觉地抵制网络上极具吸引力的各类干扰。最后还对其学习态度提出了要求。传统课堂上学生态度不够端正可通过教师的指导进行纠正，仍可学得一些知识。但是翻转课堂上学生自学的时间变多，教师对学生的调控减弱，这就要求学生要有积极的学习态度，积极主动的学习知识。

（三）适用范围的限制

除上文所述翻转课堂的一些缺陷外，翻转课堂的适用范围较为狭窄也是大为学界所诟病。从适用学校考虑，翻转课堂的适用校必须具备较好的物资条件，能够配备完整的电子设备。同时还需具备较高的师资条件，教师需有能力实施翻转课堂。从适用学段考虑，翻转课堂更适用于初高中以及高等教育，小学实施只能考虑高年级段，现代成熟的翻转课堂始于美国高中是有其原因的。翻转课堂的实施要求学生具备基本的信息技术能力，较好的自学能力和自制力。年龄段较低的学生，其认知发展水平有限，很难具备上述能力。因此在较低学段实施翻转教育条件十分不成熟。从适用教学内容考虑，开展翻转课堂实验的学科更多的是理科类学科，因为理科类学习知识点明确，教学内容比较单一，一般只需清楚教授较为典型的例题和概念等就能比较好地掌握主要学习内容。而文科类的学科，知识点零散，注重识记和情感上的理解。更多地需要教师上课时不断与学生交流，言传身教。

三、翻转课堂的“回温”

事物的发展往往不是一帆风顺的，历经大热发展与冷静思考的翻转课堂要想慢慢“回温”，势必要努力克服发展中的阻碍，放缓发展速度，走向不断提升的稳定发展道路。

（一）调整课时，创造自主时间

为了切实减少学生负担，让课前学习不需花费学生额外的休息时间，调整学校的课时安排，无疑是一个好的选项。新的课时安排应该增加更多的学生自习时间，这些时间学生可以用来自主学习课前学习材料，保证了学生的课前学习，为课上学习提供了好的基础。同时，教师也可利用学生的自学时间进行微课的制作等工作，减少加班制作课件的时间。据悉，我国山西地区的新绛中学就采用了调整课时的安排，为保证其翻转课堂的成效，该学校上午学生在教师的引导下进行课堂学习，而整个下午则是自习时间，学生可以利用自习时间学习课前材料，一些家中不具备课前学习设备的学生，在这个时间里也可借用学校的学习室进行学习，值得借鉴。

（二）迎难而上，提升师生能力

翻转课堂对师生素质要求的提高严格意义上来说并不算是弊端，毕竟教育究其根本就是为了人的发展。所以应对这一挑战，需要迎难而上，不断提高师生能力，以达到翻转课堂的要求。在教师方面，应大力推进教师培训。首先，应该对教师的技能进行培训，组织信息技术相关培训，提升教师微课程的设计和制作能力。其次，应该对教师的教学思想和教学观念进行培训，促进其更新。翻转课堂体现的是学生主体，教师主导。一方面强调教师要形成学生主体观，课程以学生的学习和发展为中心不断生成，充分尊重学生的差异性。另一方面也重视教师的主导性。然而现今不少教师觉得在翻转课堂中学生自学日益增多而教师作用日益下降，话语权也越来越少，教师成为一个可替代性很强、存在感很弱的角色。其实不然，翻转课堂中教师的角色相比传统课堂教学其实更多，教师不仅是课堂的组织者更是课程的设计者、微课的制作者、学生讨论的引导者，甚至可以说教师是整个课堂的导演，更具重要性。不仅如此，通过教学观念的更新，教师应更加重视对学生高阶思维的培养，主动引导学生进行讨论与探索，组织学生协作解决问题。最后，还需对教师的教学评价进行相关培训，使教师能自觉使用多种评价方式，重视过程性评价。在学生方面，从基础教育阶段开始便应重视学生信息技术的实际应用能力培养，通过开设相关操作课程，使学生熟练掌握现代信息技术的使用。在此基础上，加强网络安全教育，培养学生的信息辨别能力，减少互联网对学生的负面影响。

（三）切勿盲从，适时适地选用

翻转课堂作为一种创新教育模式，它的产生是具有一定超越性的，它探索了未来教育的一种可能性，指向的是未来教育发展的趋势，因此其实施的基础必然超越了许多地区的现实情况。在这样的认知前提下，各级教育管理者应仔细考查当地实施条件，在条件具备的情况下再进行推广，而不应追赶时髦，削足适履。不仅如此，前文也已提到翻转课堂教学内容也是存在限制的，因此，各科目教师应该深入研究学科知识和学科内容框架，分辨适合翻转的教学内容和不应翻转的教学内容，不应为适应创新教学的号召，全然不顾教学实效，完全丢弃传统教学模式。

翻转课堂作为一种新兴的教学模式，有其独特的诉求与价值，但实施过程中的缺陷与限制也让它的发展面临了许多困境。诚然，我们不能一刀切地肯定或是否定翻转课堂，为更好地提升我国教育水平，我们应在深入分析、了解翻转课堂的基础上，为更好地实施翻转课堂提供条件，以此来更好地发挥和强化翻转课堂的优势。

第五章　翻转课堂与高校英语教学模式研究

第一节　高校英语教学中翻转课堂教学模式的应用分析

翻转课堂教学模式是高校英语教学模式的创新，该教学模式实际上就是改变学生回家完成作业的模式，让学生能够在课堂上完成作业，在此过程中，教师要多和学生进行沟通交流，切实帮助学生解决学习中遇到的问题，提高学生学习英语的热情和积极性，进而提高英语教学效率。

一、高校英语教学中翻转课堂教学模式的应用意义

（一）实现循环学习

翻转课堂教学模式的应用可以改变学生传统的学习模式，实现循环学习。在传统的英语教学模式下，教师的教学缺乏针对性，对于英语基础比较差，学习能力也较差的学生来说，教师的教学方法无法提高自身的英语成绩和英语应用能力。因此，翻转课堂教学模式的应用有着重大意义，已经成为高校英语教学的主要模式。

（二）激发学生的学习兴趣

翻转课堂教学模式可以让学生积极参与到英语教学中，提高学生的交际能力和英语应用能力。除此之外，教师要多组织课外活动，让学生把所学到的英语知识运用到实际生活中。在传统的高校英语教学模式下，教师过于注重书面知识的讲解，而且教师是教学的主体，学生被动地进行学习，学生学习的热情和积极性较低，甚至部分学生产生了厌学的心理。翻转课堂教学模式的应用在一定程度上弥补了传统英语教学模式的缺陷，教师可以在翻转课堂教学模式下合理的安排教学时间，多留给学生说英语和应用英语的时间与机会，激发学生的学习兴趣，这样不仅可以让学生掌握英语知识和应用英语的技能，还可以提高学生的综合素质。

二、高校英语教学中翻转课堂教学模式的应用措施

（一）拓宽英语知识层面

要想保证高校英语翻转课堂教学模式英语的合理性，高校管理人员必须认识到英语教学的重要性，改变传统的教学理念，并详细分析英语教学中存在的问题，针对存在的问题及时采取调整对策，拓宽英语知识面，英语教学绝对不能局限于书本知识，要不断向外延伸扩展，丰富学生的知识储备，完善知识体系，开阔眼界，进而实现翻转课堂教学模式的开展，提高英语教学效率，实现英语教学目标。翻转课堂教学模式对高校英语教师的专业水平和综合素质提出了更高的要求，只有高校英语教师掌握更多的知识和技能，才能把知识和技能传授给学生，提高学生的英语学习成绩和英语应用技能。

（二）创设英语学习情境

要想保证高校英语翻转课堂教学模式应用的合理性，高校英语教师还必须做好课前准备，合理的为学生创设教学情境，提高学生学习英语的热情和积极性。除此之外，在应用英语翻转课堂教学模式之前，教师必须充分了解学生的个性和特点，并结合学生的个性和特点合理制定教学方案，保证英语教学的有效性。在英语教学中，教师要减少中文的应用时间，尽可能多的应用英语与学生进行交流，为学生创设学习情境，鼓励学生说出英语。

（三）优化教学活动设计

要想保证高校英语翻转课堂教学模式应用的合理性，高校英语教师就必须认识到优化教学活动设计的重要性，这样才能更好地安排教学时间，多组织教学活动，吸引学生的注意力，提高英语翻转课堂教学模式应用效率。教学活动是高校英语教学中必不可少的，但是教师需要注意的是教学活动的主题不能脱离教学目标和实际，教学活动必须和英语应用结合在一起。教师可以在英语教学中加入游戏教学，游戏可以激发学生的学习兴趣，提高学生学习的热情和积极性，进而提高英语教学效率。英语教师也可以结合实际情况把班级内的学生平均分成几个小组，每个小组的人数不能超过 8 人，采用分组教学的形式，让学生共同讨论作业内容，在课堂上完成作业任务。英语翻转课堂教学模式的应用对高校英语教师的专业水平和综合素质提出了更高的要求，但是很多高校缺少专业的英语教师，高校必须认识到英语教师培训的重要性，由学校出资定期派遣英语教师外出参加专业化培训，丰富教师的知识储备，积累教学经验，提高教师的专业水平和综合素质。除此之外，高校还应该在英语教师内部建立和完善奖励和惩罚机制，对表现优秀的英语教师给予一定的物质奖励和精神奖励，提高教师工作的积极性和热情。但是，对于工作表现不佳的英语教师，高校也应该给出相应的惩罚，以规范教师的教学行为。

第二节　基于翻转课堂的商务英语写作多元式教学模式

随着教育改革推广与深化，为了挖掘教育的本质，还原人学习的一般规律，多种教学模式被开发并广泛使用，翻转课堂教学模式作为对传统教学模式的颠覆，具有很强的典型性。在商务英语视听说教学的背景下，讨论翻转课堂模式的应用。

一、“翻转课堂”教学模式与商务英语

随着中国对这种教学模式的引用与改进，“翻转课堂”教学模式的教师讲授部分不局限于书面的教案或题目，而是更具有现代风格的多媒体教学方式，要求学生在课前通过多媒体播放教师已录制好的微课进行学习，将课堂内的时间作为教师的答疑和教授学习方法的时间。

这种新颖的教学模式被引进时就得到了很多的关注与实验使用，并取得了一定的成绩，其意义在于：

（一）学生得到学习的主动权，打破了原来教师主体的教学模式

进行模拟对话练习，两学生一组交互变换角色，通过网络社交软件进行工作面试模拟。

（二）使学生的学习更有重点，从而提高了学习效率

将听课的工作放在课堂之外进行，不仅有着预习的作用，更重要的是能够对课程中的难点、重点针对性地向教师提问，使记忆更为深刻，加快学习速度，提高了学习的效率。

（三）增强了师生的互动性，使教师对学生的学习能力与水平得到及时了解

课堂内容以师生交流为主，学生针对自己在课程学习中遇到的问题与教师进行深入探讨，而教师也可以在提问中把握学生的学习水平，以便于对不同学生给予不同的引导。

二、翻转课堂模式在商务英语视听说教学上的使用案例

商务英语是对英语能力在经济管理等相关行业中的应用，其目标在于获得企业商务相关的知识、培养沟通谈判能力、达到辅助企业经营活动的效果。新视野商务英语教材结合了视、听、说互动教学模式，将交际技巧、语言知识和商务实践的学习放在各种商务活动情景中，本文选取了此教材的翻转课堂教学案例进行介绍。

翻转课堂模式可以大致分为两大部分，即课内学习部分和课外学习部分。

（一）课外学习部分

学生：观看 Job interview 课程视频并记忆。

“翻转课堂”教学模式最大的特点是改变了学生与教师的角色，学生由传统教育中的

接收者变为主动探究者，而教师则可以将自己的大量时间放在“授业”“解惑”的本职上。

The interview including: introduce oneself and make some conversation at first; then, exchange information to each other; finally, make a good impression at last.

注意面试者和面试官双方的外表和表情。

How to prepare the job interview: the information about the company; dress conservatively; some details about out-looking or smelling.

May I come in？

Yes, please.

Good morning, My name is***. Coming here for the interview as requested.

Thank you for coming, make yourself easy, I'm***, the human resources manager.

之后展开面试流程对话。

教师：标注教案上学习重点，How to make yourself outstanding from other interviewee？How to leave a good impression for the HR manager？

（二）课内学习部分

进行课堂两两对话模拟练习，对模拟练习教师进行指导与点评；教师讲解学生在课外学习不清楚的部分；强调在进行面试时使用英语介绍自己的优点一定要配有举例说明，对自己获得的与工作相关的成绩和奖项进行列举说明，其中自己做了哪些工作，单词发音要标准，可以使用比较风趣的话题拉近距离，对自己的学习和工作计划要言之有物，不能信口开河；介绍在面试准备时需要做哪些工作和注意哪些细节。

三、商务英语视听说教学采取翻转课堂模式易出现的问题

在商务英语教学中使用翻转课堂模式的确可以极大地提高学习效率，并且让学生拥有学习的主动权，教师的引导育人功能更为清晰和突出，但还要注意以下问题的出现。

（一）课外学习占用时间过长，学生易产生疲劳感

翻转课堂模式将课程的学习放在了课外时间，而将课后练习和教师指导放在课内学习，使学生需要长时间进行预习复习工作，易产生疲劳感。因此，视频学习时将知识点浓缩在较短的时间里，并在课内加强复习力度可以对其进行缓解。

（二）课外学生学习效率无法保障

自主学习是学习的最好状态，但是自主学习需要学生具有较强的自控能力，在没人监督的情况下不易实现理想的学习效果。自主性的激发一般来自对所学习内容的兴趣，这就要求在教学微课制作时，采用一些趣味的元素或挖掘学生较为感兴趣的知识点延伸来吸引学生进行学习。

（三）课内学习效果的体现与教师课外教案编写水平密切相关

教师引导育人功能的开发需要教师具有相应的教学经验与突破传统教学模式的观念和信心，这些综合起来都体现在教师对课堂教案的编写上。对学生的学习状况详细了解并分析，对教学内容的结构做实践安排并对教学的节奏准确掌握是教师编写教案的前提准备。

第三节　翻转课堂基础上大学英语的自主学习模式构建

在现在的社会情况下，英语的学习已经变得非常重要。如今，大学英语的教学质量问题，也已经成为社会关注的问题。在实际情况中，由于受到传统教学观念的影响，所以某些学校在英语方面的教学还是存在着一些不足。但是，还是有一部分大学开始积极地引入新型的翻转课堂。这种新型的教学模式不仅能够吸引学生的兴趣，而且还能够充分地满足学生的个性化学习需求。但是，要想保证教学效果，却必须要保证学生自主学习的效果。

一、关于学生在自主学习方面所存在的问题

（一）缺乏自制力

对于翻转课堂这种新型的教学模式来说，课前学习非常重要，而这也就是学生自主学习的环节。而在这个环节中，教师往往无法监督学生的学习状况。一般来说，当教师布置了课前自主学习的任务之后，学生就需要自己找时间进行学习，不管是学习时间，还是学习地点，都比较零散，完全处在一种无监督、无控制的情况。而且，很多大学生并没有良好的自我监督能力，在学习过程中容易分神，或者是边学边玩，导致学习效率比较低。

（二）容易产生焦虑的情绪

对于翻转课堂来说，其对于互联网的应用是比较依赖的。而在自学环节，学生往往会借助互联网来查询有关英语方面的学习资料。在这方面，学生的选择是非常自由的。而若是学生的自学能力比较强，那么就能够做好对自己的约束，从而取得好的学习效果。但是若是学生本身的英语基础就比较差，又没有一定的自学能力，那么学生无法通过互联网找到正确的学习资料，也无法制定合理的学习目标。在面对这样众多问题的情况下，学生就很容易产生焦虑的情绪，从而导致学习效果受到影响。

二、关于自主学习模式的在翻转课堂基础上的构建

（一）为学生设定合理的学习目标

自主学习，从本质上来说，这其实是学生自己学习的过程。为了保证学生能够在这个过程下收获好的效果，为之后的课堂教学打下良好的基础，那么教师在布置翻转课堂课前

自主学习任务时，就可以为学生设置合理的学习目标。不管是在翻转课堂视频内容的选择方面，还是在视频内容的安排方面，都应该为学生设定具体的学习目标，而且尽可能地设置简单一些，使学生能够通过自己的努力轻松地实现。比方说，在教学视频结束的时候，教师可以设置一些随堂测验或者是相关的闯关游戏，让学生能够在有针对性的随堂测验或者是闯关游戏当中巩固自己所学习的知识，由于这些目标比较明确，而且相对来说比较简单，那么就很容易使学生体验到成功的喜悦，从而对英语的学习产生兴趣，从而更加认真地对待课前学习环节。

（二）重视合作和交流

课前的自主学习环节，其实并不是指学生自己一个单独地、不与别人交流的学习环节。虽然自主学习在一定程度上会强调学生的独立性，但是却并没有排斥学生之间的合作与交流。在现实情况中，由于每人在看待问题、思考问题时都有自己独特的思维方式和角度，所以学生若是能够在翻转课堂的自主学习环节里加强合作与交流，那么就能够达到思维的碰撞与观点的共享，从而提高学生解决问题的能力。因此，教师就可以在课前自主学习环节里设定一些需要学生之间合作完成的学习任务，促进学生之间的交流，使学生能够互相监督、共同发展，这样一来，不仅能够在一定程度上提高学生自主学习的效果，也能够提高学生的表达能力。

（三）改变评价方式

在翻转课堂的教学过程中，教师也可以根据学生的特征差异、实际的学习需求，以及学生在合作学习中的参与程度等方面给出不同的成绩，并以此来布置一些具有个性化的学习任务。在现实情况中，教师也可以利用翻转课堂的各个在线平台，比方说MOOC、网络资源库等，记录学生在自主学习环节中的学习数据以及作业完成情况的相关的内容，为学生建立起自己的学习档案，并根据学生在课堂上的表现以及个人学习档案中的数据来评定学生的成绩。这种方式，也能够在一定程度上对学生的自主学习达到约束和监督的效果，从而使得学生能够认真地对待课前自主学习任务。

通过以上分析可以知道，翻转课堂其实就是一种先进的教学方式，也是具有个性化的教学模式。从本质上来说，翻转课堂的有效性，离不开学生的自主学习。因此，在大学英语的教学过程中，教师需要积极地安排合理的自主学习任务，提高学生的自主学习效果。

第四节　基于信息化建设的高校英语翻转课堂教学模式研究

新时期背景下，基于教育事业的深化改革，翻转课堂教学模式被广泛应用在高等院校的英语教学过程中。学生通过自主学习英语知识，充分彰显了以学生为核心的教学思想。将信息化平台引入到翻转课堂当中，能够进一步提高学生的自学质量，强化对学生课堂学习的管理力度，有效增强高校英语教学的效果。

一、高校英语教学翻转课堂信息化建设策略

（一）充分利用英语教学信息化平台

借助英语教学信息化平台，教师可以提交教学的视频，并根据预定学习知识进行讲解并解答疑惑，以免由于信息量过大的原因而使学生难以集中注意力。而学生则可以通过英语教学信息化平台，实时获取教师在线更新的英语知识，突破时间与空间的限制，对相关知识内容进行学习。这样一来，学生学习英语的途径更加多元化，使其能够在自主学习的过程中掌握更多知识。由此可见，英语教学信息化平台的应用对于高校英语课程教学的开展产生了积极的推进作用，为其提供了全新的教学模式与手段，值得推广应用。

（二）有机结合英语教学与信息技术

信息化教学技术的发展带动了高校英语教学的革新与发展，尤其是信息时就会改变了英语教学思想与内容，学习环境同样随之发生变化。将英语教学和信息技术有机结合，全面创新英语教学模式，为高校英语课堂教学的开展提供必要的保障。

二、转变传统高校英语信息化教学平台

（一）重视英语教学资源整合

综合考虑高校翻转课堂模式以及学生的特点，借助信息化教学的优势，构建新型高校英语翻转课堂的信息化教学沟通平台。对学习资源予以重新整合，将课堂教学视频与片段作为资源的核心，对注意力十分钟法则进行积极地借鉴，以保证单个资源主题鲜明，或是以某知识点为中心开展。这样一来，即可通过较短时间完成教学活动，配备针对性的素材课件与练习测试等具有辅助作用的教学资源。在学习资源共享平台的作用下，课堂教学之前，学生能够结合个人计划对在线资源学习予以合理地安排。另外，按照个人学习方法与基础水平对学习的过程进行适当地调整。在这种情况下，学生能够获取更为丰富且具有个性化特征的学习资源，即便缺席课堂学习，同样不会出现知识断层的情况，贯彻并落实了个性化与分层次的教学。

（二）应秉承为学生服务理念

在构建信息化教学平台的过程中，应高度重视教师与学生、学生与学生间的交流与沟通，与系统交流讨论的功能相结合，实现线上和线下的互动。在此基础上，有高校教师对学生问题予以及时地回复与解决，以保证各学习环节能够完美地融合。在信息化教学平台当中，其内部与功能都是为学生提供服务，而学生则是平台主体，为此，在实际构建的过

程中，一定要将学生作为核心，尽可能增强高校学生自主学习的能力，使其可以对个人学习的过程予以掌控。

（三）构建学生为本的教学信息平台

信息化教学平台构建的主要目的就是为高校英语教学翻转课堂相结合，实现学生英语学习效果的全面提升。但需要注意的是，学习的整个过程都必须有教师参与，并且由教师掌控。当学生在线学习的时候，教师即可进行掌握，指导课堂的教学、学习的考核尤其是通过教学平台的测试效果等相关统计数据都需要由教师来掌控，这样就能够对教学的策略进行适当地调整，对学生进行督促与提醒，使其能够与学习任务与进度相适应。

三、高校英语翻转课堂教学信息化教学设计

（一）翻转课堂信息化课前设计

首先，应对课堂所需视频资源进行准备。所录制的教学视频应短小且精悍，能够与教学主题相契合。通过对平台中优秀资源的合理运用，使学生所掌握的知识更具广度与深度。

其次，问题与任务的设置。教师所设置的问题对学生提出要求，通过自主思考来完成任务。其中，可以灵活地使用部分工具保证师生与生生有效交流，可以是微信群，也可以是课程的公众号等虚拟化的学习空间，并在任务完成的整个过程中完成知识的有效传递。

最后，信息的有效反馈。在教学实践当中，通过教学反馈为翻转课堂的设计奠定坚实的基础。而针对在线学习内容需由平台提供教学数据并做出分析，对学生学习的状况予以深入地了解，掌握学生的学习疑惑与困难。

（二）翻转课堂信息化课中设计

要想使学生热爱翻转课堂，教师就应当科学合理地设计有趣的活动，较为常见的就是群内分组或者是扫码加群等。学生的参与程度是对课堂教学效果予以验证的有效指标，增进教师与学生间的情感。

（三）翻转课堂信息化课后设计

在实行翻转课堂的过程中，最关键的就是课前知识传授以及课中知识的有效内化。与此同时，将可以直接讲解的内容放在课外学习，而在课堂教学实践开展丰富学习活动，以保证学生参与活动的时间更加充足。为增强以上环节的实际效果，教师也要重视课后环节的作用。自主总结并反思，充分结合学生课堂表现与反馈，不断补充并完善课前所提供的教学材料。

（四）翻转课堂信息化评价设计

完成翻转课堂教学以后，需对教学的实际效果做出评价，教师可以通过对课堂活动的录制并上传至平台中，交由其他教师或者是用户进行评价与评估。根据他人所提出的建议与意见，思考翻转课堂教学模式存在的问题，进而采取具有可行性的改进措施，为后期翻

转课堂教学效果的全面提升奠定坚实的基础。

综上所述，信息化教学模式为高校英语教学提供了极为丰富的教学资源，尤其是对翻转课堂教学模式的应用，使学生主体地位彰显出来，促进了教师与学生、学生与学生间的沟通与交流，为学生营造更具个性化的教学环境，突破传统教学思想的束缚，在新型教学模式下实现教学目标。

第五节　基于微课的高校英语翻转课堂教学模式

在高校英语教学实践中，传统的教学模式凸显着严重的弊端。传统的英语教学模式，在很大程度上凸显着严重的弊端，学生的英语学习积极性不高，英语课堂教学水平偏低，这些都在很大程度上制约着高校英语教学的整体水平。基于此，在高校英语课堂教学实践中，应该积极利用微课技术，实现课堂翻转，有效突出学生的主体性地位，全面激发学生的学习积极性。在信息技术快速发展的今天，微课教学技术水平得到了全面的优化。在教学实践中，教师应该积极利用微课教学模式，实现课堂翻转，全面培养高素质的英语人才。

一、高校英语教学中微课教学的优势

在高校英语课堂教学实践中，微课教学具有非常关键的作用。微课教学的运用，能够有效提升高校英语教学的质量，能够有效提升高校英语教学的水平，同时还能够在很大程度上激发学生的学习积极性，有效优化学生的学习兴趣。从这方面来看，高校英语教学中微课教学具有非常关键的作用。一方面，微课教学技术的运用，能够帮助高校英语教师快速精准地完成教学任务。微课是基于网络信息技术而构建的新的教学模式，在大学英语教学中引用微课教学模式，就是对优质的英语教学资源进行开发。在教学实践中，教师结合英语教学的内容和计划，提前进行微课视频的录制，引导学生积极进行预习。学生通过自主预习能够发现自身微课学习中存在的问题，以便在教学过程中进行针对性的提问，由教师来给予针对性的指导。与此同时，在高校英语教学实践中，微课教学方式的运用，还能够推动教学模式的改变，使得原有的备课、教学、学生回家复习的顺序颠倒，形成了“翻转课堂”教学结构。此外，在高校英语教学实践中，“微课教学”的应用，还能够实现个性化教学。教师根据学生的需求，教师结合学生的特点来进行个性化的内容推送和呈现，进而有效满足学生多元化的需求。这些都便于教师顺利而快速地完成教学任务，全面优化教学质量。另一方面，微课可以帮助学生高质量完成学习任务。在高校英语教学实践中，微课教学模式的引用，能够提升学生英语学习的质量，能够引导学生高质量地完成英语学习。通过微课教学工具，学生可以实现自主化学习，学生可以结合自身的需求来进行课程进度的选择。同时，学生还可以随时随地进行英语学习。这本身也属于“翻转课堂”的范

畴，在微课教学的应用下，学生的积极性和主动性等都得到了体现。

二、基于微课的翻转课堂

在高校英语教学实践中，积极利用微课教学方式，能够有效提升英语教学的质量。微课与翻转课堂之间的关系是非常紧密的，在教学实践中，应该结合学生的特点，实施个性化教学，有效提升微课教学的应用能力，全面提升“翻转课堂”的整体水平。

（一）微课与翻转课堂的关系

微课是翻转课堂的基础，翻转课堂是微课的价值体现之一。微课作为一种新兴的学习模式，可以促进翻转课堂的形成和发展。在教学改革全面深入的今天，翻转课堂业已成为教学的新模式。在翻转课堂中，微课教学技术的应用，能够全面提升翻转课堂的效率，能够引导学生自主学习，全面提升学习的质量。作为教师，应该注重微课视频制作的科学性，结合学生的个性需求，科学筛选和控制微课内容，有效提升学生对微课内容的理解能力。因此，在以微课为基础的大学英语翻转课堂中，微课和翻转课堂是相辅相成的关系，微课和翻转课堂的设计和应用具有很大的发展空间，需要教师不断去探索和完善。

（二）微课在翻转课堂中的必要性

在高校英语教学实践中，翻转课堂的开展能够有效提升学生的主体性地位，能够有效激发学生的课堂学习积极性。在翻转课堂中，微课教学是非常必要的。当前高校英语课堂教学的时长很难保证学生英语学习的质量与水平，同时较少的课时安排，也促使学生积极利用课外时间来进行自主学习。从这方面来看，微课在翻转课堂中的应用，能够有效扩展学生的学习时长，能够有效补充英语课堂的教学内容。同时，在翻转课堂中，微课教学的应用，还能够充分提升学生的自主性，引导学生积极利用碎片化时间来进行有效自学。

三、大学英语教学中微课“翻转课堂”模式的创新研究

在高校英语教学过程中，“翻转课堂”模式的应用，能够全面突出学生的主体性地位，能够有效激发学生的积极性。基于此，在高校英语教学实践中，应该积极利用微课教学技术，实现课堂翻转。

（一）微课视频的制作

在高校英语教学实践中，有效进行课堂翻转，教师应该充分利用微课教学技术，有效提升高校英语教学的整体水平。教师作为英语课堂教学的主导者，应该根据教学计划和学生特点，合理制作微课课件。微课课件应该做到短小精悍，有效突出教学重难点。同时，教师应该结合英语课堂教学的内容，合理进行内容的精细化划分，以某一内容为核心进行微课视频制作。

（二）“翻转课堂”模式的应用

在高校英语教学实践中，教师应该积极利用微课来开展翻转课堂，有效激发学生的英语学习兴趣，科学培育学生良好的英语学习习惯。一方面，教师引导学生登录相关网站进行微课视频的下载，然后结合个人学习计划来进行微课学习。另一方面，教师还应该引导学生做好微课视频记录，尤其是要将学习中的重难点凸显出来。同时，在课堂上要加强学习互动，及时将疑难点提供给教师，由教师进行针对性的指导。

第六节　基于构建主义视域的高校英语翻转课堂教学

在当前我国高校教育工作开展中，英语教学是其中非常重要的一个教学课程内容。在当前教学活动开展中，通过对英语教育工作的有效开展，可以更好地培养人才的英语素养，从而让他们在走入社会工作岗位之后，更好地适应多元化、国际化的竞争需求。在高校英语教学活动开展的过程中，从构建主义视角下对于翻转课堂教学进行合理的应用，我们必须要进行充分的研究和探索，这样才能对于翻转课堂的价值和优势进行更加充分的发挥，才能更好地满足新时期高校英语教学活动的开展目标。在高校英语教学活动中，合理应用翻转课堂模式，这样可以进一步地提升学生的学习主动性，同时学生们也能够更好地对于自己的知识学习情况进行掌握，对于他们自身独立自主学习能力和意识的培养具有十分积极的意义。

一、构建主义视域的分析

构建主义理念下，知识的学习过程更加关注学习者自身的主动性，并重视学习者在实际学习的过程中，对于自身学习能力进行不断发挥，以主动的姿态来完成知识的获取，并进一步提升其整体的学习能力。构建主义理念下，学生自身应该具备良好的学习技巧，并从更加科学的角度来展开知识的学习。在实际教学工作中，我们应该塑造一个良好的教学环境，让学习者可以更好地对知识进行学习和获取。在对于教学任务进行分配上，我们也应该适当地提升课堂教学活动的互动性，让学生通过交流和互动，在提升知识学习效果的同时，也能够汲取他人的优点，更好地得到能力方面的锻炼。从高校英语教学的角度来说，我们也应该关注对教学情境的有效构建，并为翻转课堂教学活动的开展提供可靠的前提基础，更好地让学生发现问题，提升他们的自主学习能力。

二、构建主义视域下高校英语翻转课堂教学思路

（一）对于教学情境进行合理的构建

翻转课堂教学中，做好前期准备，合理地创设情境是非常重要的。我们应该采取科学的教学方式，让学生合理地对于所学的内容进行预习。教师可以提前将准备的视频通过网络来发送给学生，让学生提前进行总结，并且根据预习资料来展开一定的预习。在实际学生预习的过程中，教师也应该注重所准备视频的合理性，让学生可以在观看的过程中更好地与后续的学习过程进行整合。对于学生来说，翻转课堂以声色搭配、动静结合的方式对知识点进行展示，能够有效实现学生学习积极性的提升。对于具有不同内容的翻转课堂程来说，其即能够对不同学生的学习需求进行满足，帮助其在课外实时学习的基础上实现学习效率的提升。

（二）加强教学中的互动

在当前很多高校的英语教学当中，所使用的还是传统的英语教学方法，无法对因材施教的目标进行实现。在该种教学方式当中，教师无法根据学生的需求与情况对教学方法以及教学内容进行改变，并因此使教学手段与内容具有统一的特征。而在实际教学当中，不同学生在具体学习方式以及需求方面是不同的，如果教师还是按照一成不变的方式开展教学，则很可能同很多学生间存在矛盾的情况。针对这方面情况，我们应该在教学中，加强互动，合理地提升课堂气氛的活跃性，同时结合翻转课堂的教学特征，让学生更加生动地参与学习。例如，教师前期提供的一些资料中，就可以增加一些探究性的内容，教师准备一些引导性的内容，引导学生更好地表达自己的观点，和教师进行互动。英语本身具有工具性的特点，只有多用，才能会用。在这样一个良好的互动当中，学生自然也就能取得更好地学习效果。例如，教师教学中也可以提前为学生准备一些精彩的英语电影片段剪辑集锦，让学生课前进行观看，之后在课堂中组织学生讨论一些自己比较喜欢的英语电影片段，并且让学生当堂讲一讲，自己对于哪些外语电影比较喜欢和了解，给大家介绍一下。这样不仅可以给予学生充分表达自我的机会，同时也能让英语教学活动的开展具备更强的互动效果。在实际互动的过程当中，学生们本身也能具备一个愉悦、和谐、生动的环境，在这样一个环境当中进行充分的互动与沟通交流，从而达到提升教学成果的目标。

（三）融入更多的合作性要素

在高校教学活动开展的过程当中，要想让翻转课堂教学的有效性得到进一步的提升，我们就必须从前期做好合理的分组，让学生本身可以处于一个合理的分组状态下，同时小组内部学生自身的水平和差距处于一个可控的状态。在实际分组的过程当中，教师也要为每个小组分配和指定相应的小组长。合理地进行分组，可以让学生更好地认可这种教学方式，同时学生在参与学习与合作的过程当中，也可以充分地进行配合与协调，更好地完成

教师所布置的探究性的任务。在实际分组上，也要考虑到学生自身存在的差异性，结合学生学习积极性、英语基础等，采取科学的原则进行分组，这样在达到知识传授的同时，也为教学管理提供一定的帮助。结合不同的小组，教师也可以适当调整任务的难度，增加一定的探究性要求，让学生可以通过相互合作来进行完成，实现对学生自身的有效激励。第四，客观展开分析评价。对于高校英语教学活动的开展来说，科学、客观的评价也是非常重要的。提升评价的客观性，可以进一步地体现学生是否在具体参与学习的过程中，达到既定的学习目标。教师应该采取综合评价的方式，让教学中各种不同的要素得到有效的组合和积累。教师也应该结合学生的实际情况，采取动态化的评价和反馈的手段，结合学生的具体学习需求，对于教学内容进行适当的调整和有效完善。在实际的过程当中，我们应该对于评价形式进行合理的丰富，引入更加科学的评价理念和指标，同时也能够让评价内容本身也体现出一定的思辨性特点。在评价的过程当中，也应该注意对于学生学习能力的情况进行分析并解决。翻转课堂教学模式的应用中，要想达到最大化的应用效果，我们就必须要从更加全方位的角度，持续地进行调研和改进，不断发现教学模式应用中的不足和问题，进行有效的解决。

第七节 SPOC与翻转课堂结合的高校英语课堂教学

一、概念界定

(一)SPOC

SPOC，即小规模限制性在线课程。由加州大学伯克利分校 Armando Fox 教授提出，作为一种“后 MOOC 时代”的典型课程范式，其中的“小规模”“限制性”与 MOOC 中的“大规模”“开放”相对，对学生有限制性的学习准入、以小规模学生学习为主，充分发挥资源集约化，学习小众化，利用微课、MOOC 等资源，提升在线课程的灵活性、学生的参与度和互动性，一定程度上解决了 MOOC 环境下在线学习中出现的学生结课率低、学习动力不足等问题。2013 年哈佛大学也开设了 SPOC 课程，实验结果令人满意，2013 年清华大学研发的 SPOC 平台课程正式上线，并取得了成功，开启了 SPOC 在中国的应用。

(二)高校英语教学中的翻转课堂

在高校英语教学中，翻转课堂因其对语言环境的创造，语用情景的铺设，语言交流场地的建立，得到了高校语言教育工作者的重视。

1. 技术平台的支持

翻转课堂教学模式课前准备阶段，学生必须在教师的指导下进行语言的习得和储备预习。学校要建立可供师生使用的稳定而完善的资源信息平台，教师和学生之间、学生和学生之间才能通过线上平台进行沟通和评价。

2. 对教师的要求

在翻转课堂上，强化教学质量的把控、翻转教学的设计等隐性作用。第一，在翻转课堂实施之前，教师必须得到相关的技术培训以提升其教学理念，实现从传统课堂到翻转课堂的转换；第二，在翻转课堂实施中，因对翻转课堂的理解不同，要求教师对学生的各种情况进行把控，保证翻转课堂的教学效果。

二、课程内容的设计

翻转课堂的课程设计较传统课程内容设计更为复杂和多元。第一，课程要建立在传统大纲的要求上，符合课本进度的要求；第二，翻转课堂的内容设计要建立在先进的技术和丰富的扩展资料上，以提高学生课前学习的趣味性和积极性；第三，翻转课堂的课程设计要建立在对学生学习效果的把控上，确保学生在新的学习方式下最大化的适应。

三、SPOC与翻转课堂结合模式的优势

（一）创设语言场景

在 SPOC 与翻转课堂的结合下，通过创设人机交互、人与人的交互，最大化地创设英语语言环境。SPOC 可以充分整合线上语言教学资源，通过小规模准入，创造一个学习班级的标准语言学习场景。

（二）合作性

语言的使用不是孤立的，而是通过人和人之间的相互合作来实现的，在具体场景中人与人的合作交流使得语言的内化、使用趋于完善。在 SPOC 与翻转课堂结合的模式下，通过线上线下小班准入制，限制使用人数，使线上班级和线下班级一致、线上语言使用和线下课堂语言使用的高效合作得到最大程度的发挥。

（三）强化语言的创造性应用

在 SPOC 和翻转课堂模式下，学生将课前线上学到的语言知识，和教师、同学交流的成果在课堂上进行讨论、运用和再创造，避免在传统英语课堂上学生只接受信息而很少有创造性应用的情况。在课后，学生和教师还可通过 SPOC 平台，对所学、所讨论的语言知识进行扩展性创造，大大提高了创造性应用的可能性和空间。

四、构建SPOC与翻转课堂结合的教学模式

（一）SPOC 构建的基本模式

1. 利用线上已有资源

对于线上资源比较丰富的科目，教师或教研组可直接利用线上已有的 MOOC、微课或视频资源进行整合，为课堂教学提供前期准备。但现有线上资源大多属于通识教育，很难找到符合课堂教学需要的资料，可利用线上已有资源作为课堂教学的辅助资料。

2. 整合本校微课等视频资源

使 SPOC 在线平台资源更好地为课堂英语教学服务，学校或教研室要通过研究本校教师、本校教材和本校学生的具体情况，根据英语课堂教学的要求，制作出符合连续性课堂教学要求的视频或 PPT 等 SPOC 在线平台资源，同时，整合本校已建设的微课等资源，使其最大限度地贴合本校教学的要求。

3. 师生制作

在 SPOC 在线资源平台的建设中，可充分发挥教师和学生的能力和作用，鼓励教师和学生在英语课堂教学后，对在线资源进行再创造。教师指导，学生可成立在线学习社区，对在线资源进行讨论、研究和再创造，进一步扩大在线平台的资源建设。

（二）与翻转课堂结合的模式

SPOC 翻转课堂教学模式以建构主义、人本主义以及教学系统性作为构建的基础，并将情境性、自主性、整体性作为构建原则。教师可通过 SPOC 虚拟平台，将虚拟课堂和线下课堂有机结合。在 SPOC 课堂上，教师可以设置导学、自学、提问、讨论等环节。如在提问环节，教师提出问题，供学生进行思考和回答，进行系统记录，从而了解学生对所学语言知识的掌握程度，回答情况可由系统自动评分或教师在线评价，如果未能达到学习要求的学生，可要求学生再次观看视频学习，直到学生的学习情况达到要求，保证在线学习的质量。除了由教师提问以外，还可在每节 SPOC 课堂上可开辟出本节学习讨论专区，促进学生与学生之间、学生与教师之间的学习交流。与传统课堂教学模式不同，翻转课堂已将传统课堂需要解决的学生语言学习储备通过 SPOC 课堂提前预习完成，在线下课堂，教学的方式发生了变化，教师的主要作用不再是机械的讲授，而是充分发挥教师的能动作用。

（三）评价模式

SPOC 与翻转课堂结合的另一优势在于其动态的评价系统。以“学习评价”为中心的翻转课堂教学模式，将学习评价贯穿翻转课堂教学的全过程，以测验的形式帮助学生学习、巩固知识，以“计入平时成绩”的方式“强制”学生参与，以实时或及时的评价反馈，互评作业等形式激励学生自主学习。以学生的动态学习评价为中心的 SPOC 翻转课堂将学生的学习评价始终贯穿于学生的整个学习过程中，通过学生的学习时长、与教师、同学的交

流活跃度、线上测评等指标，线上系统智能建立该学生的学习轨迹数据，提供评价参数，结合教师和学生之间的评价，建立相对完善的对学生综合动态评价，避免传统语言测试模式下通过笔试对学生做出的学习评价。在 SPOC 翻转课堂模式下，使学生的情感参与、行为参与、认知参与能够进入学生的评价结果，提高学生的课堂参与度。

第八节　基于MOOC的高校英语翻转课堂教学模式

科学技术的变革必定引来教育模式的革新。大学英语翻转课堂区别于原先的课上讲解、课下练习的传统教育教学模式，通过借助 MOOC 平台，学生不仅能够随时随地进行学习，同时还能提高学生的自我学习能力和兴趣，加深对英语学习的认识和理解。

一、MOOC与翻转课堂教学模式概念解读

（一）MOOC

在美国，MOOC 课程是由全美顶尖大学及科研机构设立而成，免费为学生提供高质量课程。MOOC 的出现革新了传统的美国教育教学模式，推动了美国教育的创新和发展，不断完善教育教学的新模式，开创新世纪背景下的全新教育方式。同时，MOOC 通过不断完善和协调教育者与被教育者之间的关系，实现教育的以人为本。

而在中国，MOOC 平台则是由教育部和网易免费公开课共同打造而成。这种新型的教育手段自从进入中国教育领域以来，就不断丰富着学生的学习模式，通过整合全国高校，如清华大学、北京大学等国家重点 985、211 大学课程，推进了教育公平的进程，提高了学生的学习效率，学生通过自主学习，不断汲取新内容和新方法，进一步深化大学教育成果的展示和完善。

（二）翻转课堂教学模式

知识的学习可概括为知识传授和知识内化两大过程。传统的教育模式认为，知识的传授应该是在课堂中由老师进行，而知识的内化可以通过学生课后复习和完成老师布置的作业进行实现。

大学课程知识较为庞杂，有时采用传统的课上教学，课下复习不能达到掌握知识的程度和地步，于是，翻转课堂应运而生。从表面理解，翻转课堂意为不一样，即颠覆现有教育教学模式，采用课下学习新知识，课上老师通过相关活动及提问等方式，为学生解疑，让学生在理解的基础上实现知识的内化。

而学生在课下学习新知识的时候往往会借助互联网手段获取学习资料，进行自主学习，构建课程框架，进而不断理解，提出问题，相互交流碰撞，加深对知识和认识的理解，充分发挥学生的学习主动性，实现大学教育模式的创新和发展。

二、MOOC对于大学英语翻转课堂教学模式的重要意义

大学英语课程作为大学期间的基础性课程，其内容繁杂且多，加之学生对于英语缺乏兴趣，造成课堂学习氛围不高，学习成果不佳。而 MOOC 的出现不仅仅是科技发展的崭新成果，同时也是教育领域的改革创新。MOOC 对于大学英语翻转课堂教学模式有着极其重要的借鉴意义，具体内容如下：

（一）M——大规模

首先，MOOC 课程的 M—大规模主要指优秀的教育资源不仅仅只局限在本校，同时还能通过 MOOC 这一平台，不断辐射到其他学校和地区，实现优质教育资源的共享，缓解了教育落后地区的资源单一难题，是实现教育公平的重大举措。

其次，MOOC 的大规模还体现在学生交互本身。MOOC 作为高校之间相互交流的平台，内部设置课后作业、评价、论坛、期末考试等内容，各个高校的学生通过注册账号选择相关课程便可相互交流，不断碰撞，进而达到高等教育的普遍化和平民化。

最后，对于大学英语来说，借助 MOOC 平台实现由传统教育模式向翻转课堂教育模式的转变，不仅能够提高学生自我学习的积极性，同时还能不断增进学生英语学习的兴趣。MOOC 平台不仅整合中国高校资源，同时还与世界教育接轨，这将不断扩充学生英语学习的路径，拓宽视野，增强学生英语学习的动力。

（二）O——开放

MOOC 课程的开放体现在学生无须缴纳学费便可享受到全国重点高校的优秀学习资源。而对于大学英语课程来说，MOOC 课程的开放性不仅能够让学生在这一平台中接触到全优的教育资源，同时还能根据自己的需求，有针对性地选择课程。

在这一过程中，教师的角色也会由原先的知识传播者转变为学生学习的引导者和评价者，让学生在开放平等的氛围中进行学习，能够充分调动学生学习的积极性，为教育改革提供有效的技术手段支撑。

（三）O——线上

MOOC 的线上特点最大的优势就是学生能够随时随地学习。MOOC 采用线上教学方式，不受时间和空间的限制，而且还可循环播放。同时，MOOC 采用 15 分钟短视频连接的形式，不仅能最大限度集中学生英语学习的注意力，还能让学生按照自己的意愿安排学习时间，方便轻松。

（四）C——课程

MOOC 的课程可谓是网罗世界各个重点大学的优秀课程。单单英语来讲，不仅有演讲与写作、英语语言学概论，还有通用英语、商务英语等课程，所涉及的大学包括西安交大、南京大学、厦门大学、暨南大学等等。学生通过 MOOC 平台 App，轻松注册便能享

受各个重点大学的优秀课程，实现资源共享，深化教育改革。

三、基于MOOC构建大学英语翻转课堂教学模式的探究

（一）教师工作

1. 开发校本 MOOC 大学英语课程

在 MOOC 平台中，课程资源的分享主要通过视频实现，而视频的制作核心则是内容的整合呈现，这一过程需要集合本校优秀教师队伍资源，根据教学大纲，对大学英语中的内容进行梳理，制订合理的课程计划，按照 15 分钟以内视频要求，将整节课内容进行分割及组合，录制成视频，最后再进行视频剪辑，上传到 MOOC 平台。

2. 做好课堂引导工作

大学英语翻转课堂让老师实现了从知识的传播者到知识的引导者和评价者的转变。这就要求老师在课堂中应该通过组织相关的活动对学生的知识掌握进行检测。常见的课堂活动包括：TOPIC——小组讨论、英文话剧、英文演讲、英文朗诵、英文歌曲等等。

3. 掌控学生学习情况

通过借助 MOOC 平台，学生可以更加自由地选择和安排学习，但同时仍存在有些同学自控能力不强、知识掌握不牢固的现象。这就要求老师在课堂内帮助学生进行知识巩固的同时，还需要采取考核手段，督促学生进行自主学习。

（二）学生工作

首先，学生应该按照 MOOC 平台要求注册登录平台，并根据自身需要选择课程进行学习。其次学生应该在视频完成后完成规定的课后作业，及时提交，并进行期中或期末检测；最后，MOOC 平台每门课程都设有相对应的论坛发言板块，学生在完成以上两部分后可浏览论坛，积极发言，与各校学生交流心得，开阔自己的视野。

（三）学校工作

面对激烈的科技发展大潮，学校不应该故步自封，而是要紧抓契机，实现教学质量的提升。学校应该成立相应的团队去落实研究，对学校的各个院系提出 MOOC 公开课要求，积极推动 MOOC 的发展。

第九节　嵌入翻转课堂教学的高校英语生态化教学

采用翻转课堂教学模式的优点在于能够将现代化的科技教学设备应用其中，这种教学模式崛起的速度非常快，几乎在一夜之间从事高校英语教学研究的人对此都有了了解，但是这种方法从本质上说是在传统的教学模式上加以现代化的手段，使其看上去有了变化，

因此，对待这种模式的英语教学办法，应当保持理智，用客观合理的态度面对它，在实际应用的环节对其所产生的效果做出客观合理的评价，从翻转课堂模式当中吸取一些优秀的教学方法和手段，应用到高校英语教育当中。因此，在翻转课堂教学模式发挥作用的阶段，需要对其进行实际的分析研究，以加深对这种英语教学模式的进一步了解。

一、大学英语课堂生态化分析及现状

现在的高校英语教学当中存在许多弊端，学生在课堂上的表现不够活跃，教师精心设计的课堂内容没有收到应有的效果，学生在课堂上缺乏用英语进行表达的机会，为了节省课堂时间，教师一般会讲一整节课，很少给学生进行表达的机会，这样的课堂模式对学生英语听说能力的提高是非常不利的，这样对于提高学生的英语综合使用能力来说也有非常大的限制，长时间单一的教学模式也容易使学生对英语学习丧失兴趣和动力，因此，英语课程内容的安排设计就显得尤为重要。教师应当根据观察实验的结果来进行课程内容的设计，掌握学生最适宜的教学方案，采用最为合理的教学方案来进行课程内容的教授，影响英语教学课堂教学效果的因素有很多，班级的规模要控制在合适的范围内，保证教学效果，从生态学当中局部生境效应来看，学校应当提供最让学生感到舒适的课堂环境，作业量对于学生学习英语的兴趣和动力也有着较大的影响，课堂上的教学内容也要根据学生的实际情况来进行精心的设计。学生目前在学习英语的过程中所存在的问题有以下几点：（1）学生由于从小到大所接触到的英语教学环境都是以教师为主要引导的，其自主学习能力就有一定的欠缺，在进行高校英语教学模式的改变时，需要学生具有较强的英语学习自主能力，这对于学生的适应性来讲也是一个挑战。（2）有些学生在学习大学英语课程的过程中能够取得较好的成绩，但是成绩并不能代表其英语的综合使用能力，在学生进入社会当中之后不能够熟练地使用英语来进行交流沟通，在与外国人进行业务洽谈的过程中也存在着较大的阻碍。（3）由于每位学生学习英语的能力以及兴趣存在较大的差异，其适应英语教学新环境的能力也有较大的不同，这对其进行之后的英语学习会存在一定的影响。

二、生态化翻转课堂教学实施

课堂环境对于学生学习效果有非常大的影响，因此，构建一个良好的、充满学习氛围的课堂环境是非常重要的，学生主要通过在英语课堂上学习相关的英语知识，通过在课堂上与教师和其他同学进行交流来查漏补缺，提高自己的英语交流能力，更重要的是在英语课堂上将自身的综合素质提高。为了培养出综合素质能力强的学生，高校相关负责部门需要根据大学教师的特长将其分为不同的英语教学小组或是团队，使其在各自所擅长的方面来进行教学内容的整编，共同研发出合适的教学方法来进行授课，在以后的课堂上就可以使用经过精细编排的英语教学方案来进行相关的教学活动了，在分好的英语教学团队当中，可以根据各自所擅长的方面进行具体的分工协作，以单元为基础进行教学方案的研讨，团队内将所编好的教学方案进行传阅，综合团队内的意见，对其进行修改；在完成英语教学方案的编排之后，需要将文本变成更加具有现代化气息的视频或是录音，采用小视频的形式来展现教学方案当中的内容；将录制好的教学方案视频上传到学生进行在线学习的网站上，学生可以通过视频的浏览来了解所学习课程的具体内容，根据教学内容来设计学生的课后作业，使用合适的题型来巩固学生所学到的知识，题目大的设计要紧紧贴合课本中的教学内容，将其中较难的知识点应用到其中，加强学生对其的理解，难度也要进行合理的安排，通过网站内的自带程序来对学生所提交的作业进行批改，翻转课堂教学模式在以下两个环节有具体的体现：

（一）课前学习，借助信息技术，创建以学生为中心的自主式教学模式

教师在开始讲授新一单元的内容时，需要给学生安排相应的课前任务，学生需要登录相关网站查看学习这一单元所需要注意的事项和准备的东西，使用自己的相关信息注册好之后，就可以清楚地看到这一整本英语教材的学习任务和内容了。每个单元的学习任务有三个方面，学生可以在网站上进行学习视频的观看，观看的次数不限；学生可以在网站上完成相应的课后作业，作业的完成是有时间限制的，超过最后的日期就不可以再进行提交了；学生可以在网站上进行答疑解惑，将自己没有理解的部分与其他学生或是教师助理进行讨论，提高学习效率，网站上有相应的学习进度，学生可以从自己的学习进度上了解学习任务的完成状况，以督促其学习英语。学生也可以在手机上通过相应的 App 来进行在线学习，App 的存在能够便于学生在不同的场合进行英语学习，节约了学生的时间，也提高了学生的学习效率。

（二）课堂学习，营造平等和谐课堂，确立师生合理生态化教学

传统的英语听说课堂给学生提供的表达机会非常少，课堂环境也比较压抑，教师只会在课堂上进行知识的教授，而缺少与学生的有效交流，导致学生对于英语的学习越来越没有信心和兴趣，在课堂上表现活跃的同学能够得到教师更多的关注，获得的表达机会也就越多，但是对于那些性格内向、羞于表达的同学来说，在课堂上所获得的表达机会也就越少，提高英语听说能力的概率也就越小，在大学期间学习英语的同学其主要目的是为了应付考试，但是这对于学生提高英语综合使用能力来说是非常不利的，为了提高学生的英语学习能力，需要培养其在学习英语方面的自主学习能力，根据自己的实际情况来进行英语学习，教师在英语课堂上应当将学生作为主体，仔细地倾听学生的意见和困惑，教师应当在课堂上多提问，让学生在课堂上变得更加主动，通过思考来加深对知识的理解，在英语听说课堂上最主要的任务是让学生有自信站起来大声说出自己内心的想法，这能够有效地带动英语听说课堂的学习气氛，从生态学的角度来看，给学生营造一个良好的学习氛围，能够有效地提高课堂的教学效果。因此，在英语听说课堂上，可以将学生进行分组，使学生以小组为单位对教师所布置的任务进行解决，在进行 New Friends，New Faces 这一单元的授课时，教师可以将相关教学内容发布到学生自主学习英语的网站上，学生通过观看视

频以及完成课后作业，能够有效地提升学生学习英语的兴趣，教师根据学生作业的完成情况，再进行后续课程，对于作业完成好的学生教师可以给予一定的鼓励，在课堂上教师也应当鼓励学生站起来用英语表达自己的想法。

因此，教师与学生之间的关系在使用翻转课堂教学模式的英语课堂上得以优化，双方的地位变得更加对等，这样能够有效地促进学生与教师之间进行交流沟通，课堂也能够变得更加生动有趣，学生在进行英语学习的过程中能够更加有激情和学习的动力，课堂教学的效果得以改善，学生的英语综合能力也得以提高。

高校学生在大学期间应当熟练地掌握英语的各项技能，将听说读写这四项基本的英语技能练好，提高综合素质能力。在本文中对高校英语听说课堂进行了研究，采用翻转课堂模式来进行教学能够帮助学生在提高英语听说能力上更加有效，从生态学原理的角度来看听说课堂的生态结构，发现采用翻转课堂模式能够有效地将其优化和平衡其中的生态因子，学生和教师在课堂上的关系变得更加合理，双方互帮互助，将英语听说课堂变得更加生动和有效，学生通过学习相关课程能够有效提高自身的英语听说能力，这也展现了翻转课堂教学模式的优越之处。

第十节　基于MOOC的翻转课堂教学模式在高校英语教学中的应用

近年来，随着信息技术不断发展，互联网被广泛运用到了人们日常生活和学习的方方面面，改变了人们的生活方式，产生了深远的影响。一方面，互联网本身就给传统行业带来了新的发展前景，另一方面，互联网还衍生出一系列新兴的产业，为社会经济和发展提供重要的推动力。MOOC 教育就是由互联网不断发展而产生的一种教育模式，通过对互联网的运用，依托互联网平台的方式让学生进行学习，可以有效提升学生的学习积极性，提升学生的学习效果，扩大学生的知识层面，推动高校教育质量的不断提升。而翻转课堂教学模式作为一种新兴教学方式，需要利用互联网的教学资源进行学习，与 MOOC 教育本质上有相同点，将二者相结合，可以有效推动高校英语的教学水平。如何将 MOOC 教育与翻转课堂教学模式相结合，成为高校英语教学的重要研究方向。

一、MOOC教育和翻转课堂教学模式的基本概念

（一）MOOC 教育的概念

传统教学模式主要注重对知识点进行讲解，让学生长期处于被动学习的状态，机械性地吸收知识，难以融入教学过程中，没有注重学生在学习过程中的主体地位，无法提高学

生的学习积极性，使学生的教学效果较差，既无法满足高校英语教学的需求，又无法满足学生学习的需要。随着计算机和互联网技术的不断发展，互联网在教学中的重要性越来越高。为了实现高校英语教学的现代化、快捷化、多样化，也为了推动高校英语的教学理念、教学内容、教学方法的进步，对于基于互联网的各种教育模式也愈发重视。其中，MOOC教育以其大规模性、开放性、互联网性、资源丰富等特点，成为世界著名的新型教育方法。

MOOC教育又叫大型开放式互联网课程，是一种基于互联网存在的，可以让用户进行多方共享，具有开放性、大规模性、互联网性和丰富资源性等特点的大型互联网课程。MOOC教育早在1969年就已经提出了相应的基础概念，随着计算机的不断发展，互联网已经普及到全世界的每个角落，MOOC教育也就应运而生。随着MOOC教育平台供应商不断发展，越来越多的顶级高校加入到MOOC教育的平台之中，制定了相应的学习内容和教学资源，使MOOC教育得到了进一步的发展。MOOC教育主要有以下几种特点：

第一，学习资源多元化。MOOC教育对互联网上存在的多种教学资源进行了整合，并放置在MOOC教育平台上供学生和英语教师使用，由于互联网具有资源丰富的特点，MOOC教育也相应具有了海量的教学资源，成为多元化教学资源的重要承载方式。第二，MOOC教育课程容易使用。MOOC教育改变了传统的根据上课时间来进行学习的学习模式，突破传统教学中对时间和空间的限制，通过MOOC教育互联网平台，使得世界各地的学生和英语教师都能利用MOOC教育进行学习和教学。第三，受众范围广。MOOC教育由于没有固定形式的课堂，使MOOC教育可以让更多的人同时进行教学，失去了空间的限制，保证了MOOC教育的受众广泛。第四，课程自主性较高。由于MOOC教育的门槛较低，其入学率较高，但相应的，辍学率也较高，导致学生在学习过程中需要通过对自己进行约束，让学生进行自主学习，以便能够保证学习成绩足够，能够不因为成绩较低而辍学。

（二）翻转课堂教学模式的基本定义

翻转课堂是一种将课上和课后的教学内容进行转换，将本该在课上讲授的知识点留给学生在课后自主学习，而课后本该由学生自主进行的学习换到了课上。在翻转课堂教学模式中，学生将大量的时间用于自主学习而非机械吸收英语教师所讲授的知识，加深了对于知识点的理解和运用，对于英语教师来说也节约了大量教学时间，提高教学效率。这种模式大大改变了传统的课堂教学模式，增加了学生的学习时间，提高了学习效率。借助互联网，英语教师和学生可以用更多时间进行教学互动。在翻转课堂教学模式中，课堂上的教学时间得以节约，学生可以对学习的知识点进行深化理解和相关探讨，从而加深学生对知识点的理解，并提高对知识点的应用能力。翻转课堂教学模式下，学生的学习内容通过在课前观看相应的视频或讲座等，自主的进行学习，可以让学生以图书馆等形式查阅相应的材料，并与教师进行交流和沟通。在课堂教学结束后，学生可以根据自己的学习习惯进行相应的复习工作，而教师则通过制定不同的教学方式，让每个学生都能依照最合适的学习方法进行学习，让学生能够具有更强的参与性。在随着互联网的不断发展，互联网与教育之间的关系愈发紧密，学生可以通过对于互联网中如 MOOC 教育等在线课程进行学习，并查阅海量的学习资料，进一步提升学生的学习水平，使翻转课堂教学模式得以长远发展。

二、MOOC教育与翻转课堂对传统高校英语教学模式的影响

MOOC 教育下英语翻转课堂对传统课堂并非替代或毁灭，而是一种另类的重建方法。MOOC 教育与翻转课堂教学模式并非否定传统的教学方法，而是通过实践的检验、分析，从传统课堂教学进行进一步升级，让传统课堂更有效地提供服务、传授知识、促进学生学习。在传统模式的教学活动中，英语教师作为课堂的重心，在上课时间中要讲授大量知识点，只有很少的时间能用来进行翻译、答题等辅助性练习。而让学生充分参与到上课当中的方法往往花费大量时间，几乎无法在课堂中进行。因此，传统课堂虽然能讲授大量的知识点，但英语教师在课上得到的回应却很少，不符合有效快速学习英语的方法。在 MOOC 教育下的翻转课堂英语教学中，学生个体的学习成为课堂的重点，通过连接英语教师、互联网与学生，使英语教师与学生的地位发生了变化，课上英语教师的知识点变少，但学生的理解程度大幅度提高，一堂课中所得到的收获也远远大于传统课堂。学生的学习模式从被动学习变成主动学习，提高了学生的学习效率，加强了学生英语学习的兴趣和水平。而传统课堂内容大多是为了应试，实际应用中存在大量问题，翻转课堂教学模式可以充分融合线上学习和线下巩固，使学习英语不再受限于空间和时间，让学生们能够充分融入英语学习当中。

三、MOOC教育与翻转课堂教学模式在英语教学中的现状

（一）传统教学观念根深蒂固

在我国高校英语传统教学模式下，更加注重教师的主体地位，通过教师的填鸭式教学，让学生被动地吸收理论知识。无法调动学生的学习积极性。而 MOOC 教育与翻转课堂教学模式最注重的就是学生的自学能力，学生在过往的学习过程中，缺乏对于自学的相关认知，缺乏自学的经验，也就使学生的自学能力差，无法将 MOOC 教育与翻转课堂教学模式的中心思想运用到实际学习当中，使学生对于 MOOC 教育与翻转课堂教学模式的运用能力较差，难以更好地学习。同时，传统的教学模式中，学生与学生之间往往是独立的，缺乏相应的交流。而在 MOOC 教育与翻转课堂教学模式中，一方面要注重学生在互联网中与其他人交流，另一方面又要注重在课堂上分组进行讨论。学生缺乏交流的能力，课堂上的交流和讨论环节往往流于形式，难以让学生真正通过探讨来对知识点进行分析，从而深化对知识点的印象。

（二）教师对于 MOOC 教育与翻转课堂教学模式的教学能力不足

我国的传统教学模式一直是以教师为主导地位的，教师通过对知识点的讲解和教学，可以有效地让学生对知识点进行吸收，从而促进学生成绩的提升。但 MOOC 教育与翻转课堂教学模式中，教师从课堂的主导者转变成为引导者。一方面，教师要给学生在众多的教学视频中选择符合学生学习进度和学习能力的课程，让每个学生都能依照其学习水平进行学习；另一方面，在课堂教学过程当中，教师要引导学生对于一个知识点进行探索，让学生能够对一个问题进行分组讨论，这也就需要教师有足够的教学能力。

在 MOOC 教育与翻转课堂教学模式中，教师的教学能力主要体现在以下几个方面：第一，教师要对学生有充足的了解，通过对学生进行沟通，了解学生的学习情况和学习能力，并根据每个学生不同的学习水平，选择能够与学生相匹配的教学视频，从而满足每个学生不同的学习需求。这也就需要教师有充分的沟通能力。每个学生对于教师都会有一种敬畏心理，如果教师没有足够的沟通能力，就难以降低学生的戒备心理，也就难以了解到学生的特殊情况。第二，教师要有足够的引导能力。传统教学模式中，教师占据主导地位，教师只需要有足够的教学能力，并有充分的讲解能力即可。然而 MOOC 教育与翻转课堂教学模式中，教师更加注重引导的作用，这也就使教师还需要具备对于课堂的掌握能力。教师缺乏对课堂的掌握能力，就会使教学课堂中的纪律无法正常保持，学生对于问题的探讨也只是流于形式。然而，我国的教师往往具备足够的专业知识，却缺乏相应的教学能力，因此，在 MOOC 教育与翻转课堂教学模式的运用当中，教师的教学水平还显得有些不足。

（三）英语学习功利性强

对于我国的大学生而言，英语更像是一种工具，在结束了四六级考试后，很少有人会继续学习英语。这也就使大学生更喜欢传统教学模式中单纯的知识点教学，对于英语应用能力和深层次的重视程度不足。在应付考试方面，传统教学模式更具有优越性，也就使传统教学模式更受学生喜欢，不利于 MOOC 教育与翻转课堂教学模式的发展。

四、MOOC教育视角下英语翻转课堂教学模式的应用方法

MOOC 教育下的翻转英语课堂模式，以其新颖的教学模式和强大的气氛烘托能力，学习经验交流能力，为学生的学习生涯注入了新鲜的活力，同时也成为现如今最有发展前景的教育模式之一。现如今，传统教学方法弊端愈发明显，学习效率低，学生对学习兴趣低等问题依然存在。MOOC 教育下的翻转英语课堂模式虽然有其优越性，但还尚未普及。随着英语用途的愈发广泛，普及 MOOC 教育和翻转英语课堂模式也势在必行。在此之前，应该充分结合我国国情，将 MOOC 教育与翻转英语课堂模式从高等教育普及到全体教育，再到职业教育，将信息科学与教育教学融合，提高学生的学习效率，激发学生对于英语的学习兴趣。MOOC 教育下翻转课堂教学模式的构建可以从课前和课上两个方面着手。

第一，课前方面，要注重两方面的因素，一方面要选好教学视频。MOOC 教育的学

习资源丰厚，涉及面广，其中包含的教学视频数量众多，并且许多教学视频会出现与教学进度、学生的学习水平等方面不匹配的现象。英语教师要着重对教学视频进行选择，通过选取符合学生的学习进度、学习能力的优秀教学视频，来分配给学生，让学生在课前进行自主学习，达到翻转课堂的教学目的。另一方面要注重课前学习任务的设计。学习任务是学生进行学习的重要指导思想，有了明确的学习任务，才能提高学生自学的效率，让学生有章可循。设计学习任务时，不光要注意学习内容的布置，还可以给学生制定观看英语电影、听英文歌等方面的学习任务。通过对电影和音乐等方面的接触，可以让学生提高对英语的学习兴趣，从根源上提升学生的学习效果，同时提高学生自主学习的学习意识，促进学生英语学习成绩的不断提高。

第二，课上方面，英语教师要把课堂分为三个环节，即学习成果检验、个人实践和小组写作。英语教师在课堂开始，要对学生在课前进行 MOOC 教育的学习成果进行相应的检验，保证学生真正接受了 MOOC 教育的学习，并快速掌握学生的学习情况，对学生知识的薄弱点和易出错的地方进行针对性的讲解，减少学生知识点不明确的现象。在检验结束后，英语教师要注重学生的个人实践，个人实践也就是学生对英语的实际运用能力。英语教师可以通过情景模拟等方式，在实践过程中巩固学生的学习成果，并让学生能够在实际生活中运用英语，提高教学效果。最后，英语教师要通过分组的形式，让学生能够在分组交流过程中解决自身在学习过程中所出现的问题。帮助别的学生解决问题的同学，会在交流过程中产生相应的自豪感，而被帮助的学生也能够减少知识点上的漏洞，让学生能够更好进行学习，提升学生整体的学习效果。MOOC 教育下的翻转课堂教学模式，就是让学生更多时间进行自主学习，注重学生对英语实际运用，从而提高学生学习效果的教学模式，对于高校英语教学具有重要的意义。

第六章 英语翻转课堂研究

第一节 高中英语翻转课堂遐思

翻转课堂是当前教育热词，而笔者则常常习惯于对这些“热词”进行“冷思考”。冷思考的目的不是为了否定热词，而是为了在教学实践中更为理性地运用。对于翻转课堂而言，其怎样在沉重的应试氛围中真正成为激发沉重英语学习兴趣，并有效提升学生英语素养的手段，至少需要从以下三个方面进行思考：

一、翻转课堂与高中英语教学的契合度

翻转课堂原则上适用于任何学段的任何学科，但对于高中英语教学来说，其却存在着很高的契合度。这可以从学段学生特点以及学科特点两个维度来认识。

我一直注意分析高中学生的学习特点，其中比较典型的就是现在高中学生有较强的学习主张与个性，也常常具有较为理智的思考。这样的特点对于翻转课堂的特质来说，吻合度较高。众所周知，翻转课堂强调的是在传统教师讲学生听的基础上，通过教学关系的换位，使得学生的学能够前置于教师的教，而高中阶段的学生显然具有这样的意识与能力基础。

而具体到英语学科，应当发现翻转课堂作为源于西方教育理念的产物，其与英语学习本身可谓是同根同源，加上当前与高中英语学习难度相当的资源极为丰富，尤其是互联网所提供的学习空间，可以高密度填补当前高中英语学习的自由空间，这个自由空间也就是学生在翻转课堂上前置学习的重要时段。需要认识到的是，在当前高中学生的英语学习中，培养学生较强的表达能力，应当成为翻转课堂实施的重点。笔者当前所使用的译林版高中英语教材有 Welcome to the unit、Reading、Word power、Grammar and usage、Task、Project 等板块，笔者发现这种安排背后也为翻转课堂的实现提供了可能，实际教学中可以结合一些简单的教学内容，让学生在 Reading（阅读）中生成对词汇和语法的认识，在 Task（任务）中形成初步的语言知识和语言技能。经过了这样的前置学习，再由教师辅以讲授，学生在课堂上往往可以有侧重点地倾听，从而有效地将教师所讲的重点纳入自己的认知结构当中去，而不是被动地根据教师一步步讲授下来的内容去建构英语认知。

二、学生在英语学习中需要怎样的翻转

那么，在高中英语学习的过程中，学生到底需要什么样的翻转呢？这里实际上仍然是围绕“翻转”这一核心概念的讨论，翻转课堂由谁来主导？直觉常常会让人觉得答案为“教师”，但笔者的研究表明，学生才应当是翻转的主体。也就是说翻转课堂的实现，千万不要走入教师在前、学生在后的悖论当中。

如学“The curse of the mummy”（译林版高中英语必修模块二，Unit 3）时，教材依例给出三个问题：Look at the title. What is the article about? What was the name of the Egyptian King whose tomb Carter found? What happened to some of Carter's team members after the tomb was opened? 这样的提问方式至今实际上不应当成为学生陌生的阅读对象，因为根据教材体例，这样的提问方式已经是一种模式，那在实际教学时就可以实现翻转，即让学生在阅读课文之前，自己尝试去提出可以促进自身阅读的问题，也可以在初读一遍之后提出与文本内容相关的问题，以在小组当中与他人交流。这样的问题提问方式对于教材设计或者对于传统的教学思路来说，肯定是一种翻转。这样翻转的最大价值就在于可以让学生的阅读变得真正自主，可以让学生在阅读的过程中收获许多认识。当然，教师也可以将此前教学中所录制的微课拿出来，以让学生先有一个可重复使用的“教”的资源。总之，这样的翻转可以实现“先学”，然后教师再实施“后教”，则可以提高学习的有效性。而事实上，高中学生所期待的，往往也正是这样的教学方式。

实际上这里强调的是教师所设计的翻转，需要以学生的学习需要为中心，而不是单一地考虑教学内容。

三、高中英语课堂如何翻转才会有效果

翻转课堂是一种形式上的创新，但显然不能不考虑其有效性。也就是说，并不是所有的翻转都是有效的！而这一话题的思考，实际上仍然需要从教育规律的角度去寻找答案。

比如说翻转课堂需要学生有效的前置学习，而要想有效，就必须保证学生有明确的学习思路。那种把全部内容交给学生，让学生在没有任何指导的情况下去进行所谓的翻转，是不会有什么效果的。倒是通过微课及其他教学资源的提供，以让学生在有效自主学习轨道上的前置性学习，才会真正实现翻转的初衷。又如：作为翻转课堂核心要素之一的微课应当如何录制与剪辑，也考验着教师的教学智慧。高中英语的特点在于学生运用英语语言的非直觉性，因此微课必须高度重视英语语言的情境性，忽视了情境而只重视词汇或语法的微课，对于学生的前置学习来说，效果不大。

也就是说，有效的翻转必须建立在对学生与教学内容认真分析的基础之上，必须是建立在英语语言学习的规律之上。唯有如此，有效翻转方能实现！

第二节　高中英语翻转课堂教学模式

随着我国中等教育不断向多元化发展，翻转课堂这一新颖的教学模式逐渐在高中英语课堂中得到了推广和应用。翻转课堂的学习活动主体是学生在家中的自主课前学习，教师利用事先制作的微课视频为学生提供课前自主学习资源供学生学习。学生在进行了课前自主学习过后，将学习中遇到的问题带到课堂中集中解决，为学生提供了更多讨论、交流的学习空间。翻转课堂还可以在课后通过互联网强化学生的学习成果，使学生能够随时随地提升学习质量。立足高中英语翻转课堂教学的全过程，分析高中英语翻转课堂的教学模式，希望能够对高中英语教学研究事业的发展做出积极贡献。

高中英语翻转课堂教学模式，是以学生的课前自主学习为主体，以课堂教学讨论为支撑，以课后的互动学习为辅助的一种新型教学模式。在这个教学模式中，教师的讲课环节被替换为微课教学环节，而更加侧重于学生的自主学习。学生在翻转课堂中，得以更加自由和便捷地进行学习，真正体现出了学生在学习过程中的主体作用。以下就结合具体的高中英语翻转课堂教学，进行简要论述。

一、利用微课视频引导学生进行课前自主学习

在翻转课堂“翻转”的首要环节，教师需要利用制作好的微课视频，引导学生在家进行充分的课前自主学习。学生在课前自主学习阶段，可以更加自由地选择学习时间，并根据自己的学习能力，选择是否反复观看微课视频。学生对于这种自由、自主的学习方式十分认同，都能够合理安排时间进行有效的课前自主学习。

例如，在高中英语必修五 Unit 1 Great scientists 一课的教学中，我们就利用微课教学视频将描写科学家 John Snow 的课文以及课文的中文翻译做成视频，通过互联网传递给学生，以供学生进行自主学习。学生在学习过程中，不仅掌握了课文中的生词和句式，而且还对科学家养成了敬仰之情，使学生在获取英语能力提升的同时，获得了情感态度的发展。

二、在课堂上对学生自主学习遇到的问题进行集中讨论

学生在进行课前自主学习过后，一定会遇到很多这样或那样的问题，这些问题需要我们在翻转课堂的课堂教学部分，进行集中解决。学生在课堂教学之上，可以利用课堂教学时间向教师提问，而教师则根据学生的问题进行系统的解答。这样的教学模式给了学生和教师更多交流和学习的空间，使学生能够根据教学内容，更好地收获知识。

例如，我们在必修五 Unit 1 Great scientists 一课的课堂教学时，就根据课前的微课教学内容，为学生集中解决了学习问题。学生在学习过程中，有些对语法掌握不清，有些对

时态把握不准确，我都进行了一一纠正。学生刘某表示自己对过去分词做定语的前置和后置有些把握不准。我对刘某教学道："前置定语单个的过去分词作定语，通常放在被修饰的名词之前，表示被动和完成意义。后置定语，通常放在被修饰的名词之后，它的作用相当于一个定语从句。"之后分别为刘某举了例子。刘某根据我举的例子理解了分词做定语的方法，有效提升了英语能力。

三、在课后通过互联网强化学生的学习成果

翻转课堂不仅能够在课前引导学生进行有效的自主学习，在课上良好地帮助学生解答问题，还能够在课后为学生提供有效的学习辅助。通过互联网与学生建立联系，在课后将课外知识点、拓展学习资料、课程相关练习发布给学生，使学生能够获得充分的课后辅助。在此过程中，学生能够在课外的任何时间、任何地点进行基于课后辅助的自主复习，使学生的学习效率事半功倍。

例如，我们在必修五 Unit 1 Great scientists 一课互联网课后辅助的过程中，先为学生发放了拓展阅读资料，让学生对"John Snow"产生更加深入的了解。学生对于课文中这位有趣的科学家十分感兴趣，纷纷认真阅读拓展学习资料。之后为学生发布了本课的生词表，让学生能够将这些生词总结起来集中记忆，方便了学生的词汇水平提升。我们还通过互联网，与学生进行在线的知识交流，通过电脑语音与学生进行口语对话练习，使学生收获了扎实的英语知识。学生表示，课后辅助学习不仅没有成为他们的学习负担，而是更好地唤醒了他们的学习兴趣与学习热情，是一种良好的学习方式。

总而言之，随着翻转课堂的出现，彻底改变了传统高中英语教学的单一性，使高中英语教学更加的灵活、便捷。学生在翻转课堂教学过程中，能够更加自由、自主地进行学习，体现出了学生在学习过程中的主体地位。翻转课堂不仅改变了传统的英语教学模式，更有助于提升教学效率。学生由于发展课堂的应用，学习热情被充分地点燃，从被动学习走向了主动学习，有效提升了自身的英语学习效率。

第三节　高中英语翻转课堂中的激励性教学

注重学生情感以及将情感的正向激励作用充分地发挥出来，已经成为当下构建翻转课堂教学的一项重要要求。将翻转课堂应用于高中英语教学中，需要教师不仅能够熟练地应用教学的各种资源，还要能够灵活运用翻转的教学方式，抓住教学内容中的激励点，使学生的情感能够充分地激发出来。在课堂教学的过程中，教师应该给予学生鼓励和赞美，使课堂充满活跃、积极和激励性的气氛，并成为推动学生喜欢学习和积极学习的原动力。

一、将激励性教学应用于高中英语翻转课堂上的意义分析

① 能够带动学生学习热情，推动翻转课堂的有效开展。在课堂教学中，教师带领学生开展自主探究、小组学习、课堂练习以及教学总结等，运用激励性教学不仅有助于教学的开展，同时又能够使学生的潜能和情感在教师的鼓励中得到有效激发。② 有助于课堂教学氛围的营造，鼓励学生解决问题。教师应该对学生的情绪以及表现进行积极地关注，抓住每个细小的环节，并将其当作激励学生的着手点。这样，往往能够使学生学习的积极性被带动起来，进而将更多潜藏的能力发挥出来。③ 有助于分层教学的开展，构建良好的课堂教学。教师应该对学生学习过程中遇到的疑难问题给予重点的关注，尤其是针对后进生，教师要为其创建勇敢展示自我的机会。激励性教学的应用推动学生能够更好地进行翻转学习并体会其中的快乐，促进高中英语课堂实现和谐、平等以及合作的良好发展。

二、将激励性教学应用于高中英语翻转课堂中的几点策略

（一）根据实际教学情况营造教学情境，激励学生学习的兴趣

在高中英语课堂教学中，想要有效实施翻转教学，就需要教师能够对学生学习的实际情况有所掌握。教师只有透彻地分析学生的认知能力、知识储备、学习情况以及性格特征和学习习惯等一般情况，才能够在教学设计、构建教学情境以及实施翻转课堂的过程中，为有效激励学生学习的热情做出充足的准备工作。

例如，当课堂教学进行到高中英语人教版教材中关于“Travel journal”单元阅读课的时候，教师在进行翻转课堂教学之前，就了解到了学生具有较强的阅读能力，且希望表现自己，具有超强的进取心，对教师的激励非常敏感。然而在阅读策略的应用方面十分不足，且综合能力相对较差。这时，教师就可以在学生进行自主探究、小组学习、课堂练习以及教学总结等环节中为其营造一定的教学情境，使学生学习的热情被调动起来，带领学生融入翻转学习中。教师可以借助微视频的方式，使学生能够运用任务单、相关文本和视频等进行自主学习。教师可以适当地给予学生一定的鼓励和帮助，使学生能够感受到教师的亲切，使实际的教学效果得到有效的提升。

（二）注重学生之间的差异性，注重人性化教学

对于高中英语翻转课堂而言，其教学本质即是将学生作为课堂教学的主体，根据学生提出的问题，并对其营造人性化的教学氛围。想要遵循人性化的教学原则，教师在开展课堂教学的过程中就应该注重学生之间学习的差异性，且在进行分层的过程中要确保学生的情感能够得到有效带动。对学优生而言，其具有扎实的英语基础，且通常提出的问题比较具有一定的代表性，同时具有较强的解决问题的能力；而对于学困生而言，其一般很少将问题提出来，在课堂上一直处于相对被动的学习状态中。

例如，当课堂教学进行到高中英语人教版教材中关于“The Olympic Games”单元阅读课的时候，教师想要更好地对学生实施分层激励，就可以在课堂教学前搜集学生学习的问题，并根据学生的情况对其分层制定教学任务和教学目标等准备工作。在自主学习的过程中，教师可以针对学生的差异，为其制定梯度性的学习任务，激励不同层次的学生都能够积极学习。同时，为了确保学生小组学习的有效性，教师应该根据学生的差异性为其合理分组，使组员之间能够进行相互鼓励，并尽量为后进生提供更多展示自己的机会。

（三）将教学目标作为向导激发学生自主学习

在高中英语课堂教学中，教师为学生制定一定的教学目标，也是激励学生积极参与课堂教学的有效方式之一。在进行翻转教学的过程中，教师可以为学生制定明确的教学任务和教学目标，并确切地指出学生学习的标准以及要求，带领学生应用小组合作学习的方式开展学习任务，使学生学习的积极性和自主性得到有效的维护。

例如，当课堂教学进行到高中英语人教版教材中关于“Earthquakes”单元阅读课的时候，教师在学生进行阅读之前，可以为学生制定相关的阅读指导以及一定的学习目标。① 通过阅读了解地震，并掌握唐山大地震的相关内容；② 通过阅读了解生活中进行地震逃生的道理；③ 对文章中重要的语法、表达形式、短语以及词汇能够掌握；④ 掌握阅读方法以及技能。这四项教学目标分别针对不同学习能力的学生，针对学优生来说，其需要更好地完成目标一、二、三以及目标四；而对于学困生或中下等生来说，其只要通过自主阅读能够在目标一、二、三和四中得到收获即可。通过小组合作学习，学习同伴之间能够相互鼓励、相互帮助，在知识方面获得进步，使课堂教学目标得到有效的实现。

综上所述，在高中英语翻转课堂的教学中，学生作为课堂教学的主体，教师对学生进行激励，能够有效促使学生积极自主地对学习中遇到的问题进行质疑，自主探究以及小组学习等。在翻转教学模式下，教学活动的开展更有助于对学生学习兴趣的激发，情感的培养以及个性化发展的带动。教师应该坚持将激励性教学合理地应用于高中英语翻转课堂中，使课堂教学得到优化，进而为学生创造出充满趣味性、人情味以及有效性的课堂。

第四节　移动手机端的高中英语翻转课堂教学

随着时代的快速发展，对于高中英语课堂教学也提出了更高的要求。高中英语作为高中教学的重要内容，良好的课堂教学模式，能够有效地提高学生的英语素养。当前，移动手机端成为学生自助学习英语的重要学习素材，这在很大程度上激发出了学生学习英语知识的自觉性。因此，在高中英语翻转课堂教学的过程当中运用移动手机端具有重要意义。本文概述了翻转课堂；分析了移动手机端辅助翻转课堂教学模式的优势；探讨了将移动手机端应用于高中英语翻转课堂的注意事项；提出了利用移动手机端辅助翻转课堂教学模式的策略，希望能够起到抛砖引玉的作用。

一、移动手机端辅助翻转课堂教学模式的优势

（一）实现便捷化、个性化教学

所谓的利用移动手机端来辅助翻转课堂教学，简单来说就是一种能够使用移动设备来进行学习的一种新技术。例如：学生们只需要利用手机、平板等移动设备，就可以实现移动学习。不难看出，这样的学习模式，是非常便捷化、个性化的。移动设备在互联网环境当中，能够实现相互连通，进而就能够实现资源共享，它打破了来自时间、空间两方面的限制，学生们在这多元化的移动网络当中，学习起英语也就更加的容易。并且学生还可以充分的结合自身的实际学习状况，来制定适合自身的学习方案。

（二）实现自主学习

随着教育事业的快速发展，信息化教学已经成为当前教育事业发展大势所趋。现如今，很多英语老师在课堂教学的过程当中，会将授课内容录制成课件的方式，使得学生们能够在课下自主的进行温习。与此同时，还有很多学校研发了属于自己的教学平台，学生们只需要利用手机终端，就能够登录教学平台中心，进而实现自主学习。不得不说，这为翻转课堂教学提供了巨大的便利。

二、移动手机端应用于高中英语翻转课堂的注意事项

当前，我们大多只是将移动手机端应用于英语公开课教学、比赛等方面，起到了良好的效果。但是，我们并不能仅仅局限于此，我们应充分地将移动手机端科学合理的应用于我们的日常课堂教学当中，辅助英语课堂教学以及课后反馈。英语老师可以充分利用希沃白板、授课助手，进而实现将课堂教学、学生的练习、作业等方面和同学们共享，这不仅充分的发挥出了学生的首创精神，而且在很大程度上使得学生能够在相应的情境当中去学习英语知识，确保英语课堂教学中的点滴都能够在弹指之间得到共享。

将移动手机端应用于英语翻转课堂教学当中，离不开资源的支持和参与。在这种情况下，为了能够有效地支持学生能够实现主动探索并完成意义建构，就需要广大的英语教师能够为学生提供更加丰富的信息资源。与此同时，英语教师还应充分的结合英语教学目标以及学生、知识的特征，来有效的收集各种信息资料，并熟练地掌握网络搜索、在线交流以及扫描打印的方法来获取信息知识。此外，英语教师还应充分的结合学生的心理以及年龄特点来设计出更具有交互性的课件，多渠道、多角度地为学生们提供更多的学习机会。

三、利用移动手机端辅助翻转课堂教学模式的策略

（一）教师在线布置学习任务

利用移动手机端来展开英语课堂教学，首先需要我们提前布置好学习任务。我们可以充分的利用微信、QQ 等软件，实现在线布置学习任务。在这一平台当中，所有的学生都能够在第一时间内获取到学习任务，并合理的结合学习计划以及学习任务来进行学习。英语老师在布置学习任务的过程当中，应充分地考虑到学生的实际学习状况，例如：学生学习能力较强的话，就可以布置一些有一定难度的学习任务，相反的，如果学生学习能力较差的话，就可以布置一些较为简单的学习任务。这样一来，学生们就能够更加积极地投入学习当中，就使得每一位学生都能够顺利地完成学习任务。

（二）学生课前自主在线学习

我们在布置完成学习任务之后，学生们就可以自主在线学习了。自主在线学习作为翻转课堂教学的重要环节之一，在很大程度上影响着整个教学开展效果。所以，无论是英语老师还是学生，都必须要从意识上、行动上来重视起这一环节。学生们在自主在线学习的过程当中，可以利用手机端登录到学校学习平台，可以采取在线观看或者是下载的方式，独立自主地完成学习任务。通过这样的方式，改变了以往传统的课堂教学当中的灌输式教学，充分激发出了学生学习的积极性，使得学生由以往被动的学习转变为自觉主动地学习。与此同时，学生们还可以利用手机下载应用程序的方式，例如：百词斩、开心词场、知米背单词等，来实现移动学习。而且还能够充分的结合应用程序所打出的分数，来及时地调整自己的学习方法。这些应用程序还能够通过讲述英语故事的方式，来帮助同学们更快地进行记忆。例如，在金山背单词这个软件上面，对于 technology 这个词，主要提供的是通过语境进行背诵单词的方法：“We must achieve modernization of science and technology, otherwise we will lag behind other nations.”

（三）教师课中在线测评

学生们在完成在线自主学习任务之后，应对学生的学习成果进行相应的检测，并确定接下来的教学任务、教学活动开展的深度和广度，结合每一名学生的实际学习状况，进行在线测评。在这里需要我们指出的是，在线测评的题目难度应适中，同时需要充分的结合学生的课前学习任务来进行测评。如果学校已经有了一个统一的教学平台的话，同学们就可以充分的利用移动手机端登录到教学平台当中进行在线测评。当前，也不乏很多学校并没有建立统一完善的教学平台，在这个时候，就可以充分利用手机软件，例如 QQ、微信等，向同学们发布相应的在线测评题目，并要求同学们能够独立自主地完成测评题目，并在统一的时间之内进行提交。

（四）教师重点引导，学生互相讨论

学生们在完成在线测评内容之后，应充分结合学生的实际测评状况，来加强对学生的引导，针对同学们在学习的过程当中所遇到的困难以及所存在的一系列难题，引导同学之间进行积极的讨论，有效解决所面临的一系列难题。上述几个环节，主要是为了能够充分的激发出学生的学习兴趣，那么引导学生、指导学生相互讨论这一环节可以说就是为了能够引导学生创新思维的重要环节，在进行阅读学习的时候，就可以通过手机移动端充分的引导学生进行学习。

（五）课后师生在线交互

在完成全部的学习内容、任务之后，还应积极地利用手机和同学们之间展开在线交流。具体来说，可以从以下几个方面来进行：首先，英语老师可以对学生的作业状况在线进行交流，利用手机交流软件向同学们公布正确的答案，学生们也可以在将自己所遇到的疑惑向老师寻求帮助，及时解决所面临的困惑。此外，英语老师和学生之间还可以充分的利用手机软件来交流得与失，加强彼此之间的沟通，建立融洽、和谐的师生关系，促进彼此间的共同进步。

综上所述，随着互联网科技的快速发展，利用移动手机端辅助开展高中英语翻转课堂教学，不仅能够有效地提高学生学习英语知识的积极性，而且还在很大程度上提高了英语课堂教学质量。基于此，应积极地采取一系列有效措施，促使学生更加积极主动地投入英语课堂教学当中，提高英语学科素养。

第五节　翻转课堂模式下高中英语非谓语动词教学

一直以来，非谓语动词都是高中英语教学的重点与难点，学生学习起来有一定难度。传统课堂教学模式下，学生对于非谓语动词的掌握并不是很牢固，而通过翻转课堂可以转变长期以来先教后学的传统教学理念，构建起先学后教的新模式，提高英语非谓语动词教学质量和水平。

一、翻转课堂用于非谓语动词教学的积极意义

（一）激发学生学习非谓语动词的兴趣

英语非谓语动词本身学习难度较大，导致许多学生在教学过程中容易失去学习兴趣，从而无法有效掌握非谓语动词知识点。通过翻转课堂，教师可以对自学任务进行合理安排，并尽可能以相对轻松、生动、有趣的自学内容吸引学生，从而激发学生的学习兴趣，让学生更愿意投入到非谓语动词相关知识的学习中。例如，教师可以用学生感兴趣的内容作为

非谓语动词用法的例句，包括篮球、电影、音乐等，让学生能够自主学习非谓语动词相关知识。

（二）提高学生在课堂教学中的参与度

在传统非谓语动词教学模式下，教师是教学活动的主体，学生在课堂上的参与度不高，而通过翻转课堂实现先学后教，可以引导学生深入参与到课堂教学中，且先学后教的教学方式有利于学生在课堂上加深理解，从而有效提高教学效率。

（三）共享及整合优质非谓语动词教学资源

优质的非谓语动词教学资源对教师教学和学生学习都非常有益，传统教学模式难以将大量优质教学资源进行整合，更不用说分享。翻转课堂以网络课程教学为主，能够通过现代信息技术将海量优质资源进行有效整合及分享，从而有利于提高翻转课堂教学效率，帮助学生更全面、有效地学习非谓语动词相关知识点。

二、非谓语动词教学中应用翻转课堂的难点

（一）自主学习任务单的设计

由于翻转课堂是以学生自学为重要基础的，那么保证学生的自学效率则是保证非谓语动词翻转课堂教学质量的关键。大部分中等专业学校的学生英语基础较差，且不具备良好的自制力和自学能力，如此一来，就需要教师在自主学习任务单的设计上下足功夫，在确保自主学习任务单符合教学目标、满足教学要求的同时，还要贴合学生的实际自学能力，否则，学生在自学时很容易陷入学不懂或缺乏学习兴趣的困境，从而严重影响翻转课堂教学效果。例如，教师的自主学习任务单应以非谓语动词的基础知识为主，如果其中的内容都是较复杂、枯燥的非谓语动词特殊用法，那么，学生的自主学习效果就会大打折扣。

（二）教材知识点的提炼

虽说非谓语动词的翻转课堂教学是以自主学习为主，但这并不意味着让学生随意、盲目地学。恰恰相反，教师必须让学生的自主学习紧贴课程要求与教材内容，不得随意偏离，否则，非谓语动词的翻转课堂教学不但无法起到良好的教学效果，反而有可能对学生造成误导，与英语教学目标相背离。其中，对教材知识点的提炼是非谓语动词教学中应用翻转课堂的难点所在，一来教材知识点繁杂且多样，二来教材知识点难度大且枯燥，导致教师对教材知识点的提炼难度非常大。因此，教师在提炼非谓语动词教材知识点时，既要保证“简”，也要保证“精”，以确保学生能通过自主学习准确、牢固掌握相关内容。

（三）自主学习过程中典型错题的收集

在翻转课堂中，解决学生的学习问题是教师和学生的重要目的，同时也是难点所在。由于种种原因，学生在自学时往往无法有效发现问题，从而不能在课堂上将遇到的问题及时反馈给教师。而教师没有及时发现学生问题所在的话，则无法帮助学生有效解决问题，

从而会导致翻转课堂的形式大于意义。

三、翻转课堂在高中英语非谓语动词教学中的应用策略

（一）强化课前自学

在开展非谓语动词课堂教学前，教师需要安排好学生的课前自主学习，帮助学生合理规划自主学习内容，制定科学的自主学习任务单。一般来说，非谓语动词的翻转课堂自主学习内容与常规翻转课堂相似，都是通过观看简短的学习视频，并辅以相应的基础训练来完成。那么，教师在给学生制定自主学习任务单时，需要从学生角度出发，尽量从学生感兴趣的内容入手，以充满趣味性的内容激发学生的学习兴趣。另外，教师在给学生安排《非谓语动词基本用法》训练时也要注意难度的设置，既要避免过于简单导致学生的自主学习失去意义，也要防止难度过大造成学生失去学习兴趣和学习信心。其中，以例句作为《非谓语动词基本用法》的主要内容是课前自学的有效方式之一，如在“Learning Chinese is very interesting”这个例句中，非谓语动词“Learning”是动名词的形式，同时在句中作主语成分，通过这些例句有利于学生掌握非谓语动词的基本用法。

（二）优化课堂练习

由于翻转课堂不再局限于课堂，而是更多地转移到了学生的自学中，那么教师就很有必要对教学内容进行重新设计和编排，从而更有效地利用课堂时间对学生加以辅导和训练。在课堂上，教师可以先安排学生对非谓语动词的基本用法进行分组讨论，通过讨论过程及时发现学生遗漏的知识点，并对学生存在的问题加以重点纠正。在学生掌握了非谓语动词基本用法后，教师可以对非谓语动词相关知识点进行深入讲解，并通过典型例题和充分练习促进学生对这些知识点的吸收和内化。例如，在学生掌握了非谓语动词的基础知识点后，教师可以通过一些例句让学生进一步理解非谓语动词的分类及其在句子中的成分，如“To learn English is very necessary”就是动词不定式作主语，“I have finished doing my homework”则是动名词作宾语，“The video game is exciting”则是分词作表语等。同样，这一过程可以通过学生分组讨论的形式完成，也可以通过让学生做相关练习题的形式完成。

（三）加强课后巩固

非谓语动词的翻转课堂教学重心不再局限于课堂，而是集中在课前自主学习和课后巩固阶段，教师在完成课堂教学后，必须重视对学生的课后巩固。① 教师应要求学生对非谓语动词相关知识点进行全面总结，以帮助学生系统地认识非谓语动词。② 教师需要将非谓语动词的易错习题和易错知识点加以总结，并以考卷、习题的形式让学生加以练习，进一步帮助学生走出非谓语动词的知识误区。③ 教师要强化对学生的监督和辅导，与学生家长合作，确保学生认真完成相应自主学习任务。可利用网络沟通工具等对学生进行在线辅导，以尽快帮助学生解决问题，提高翻转课堂教学效率。④ 教师还要改变非谓语动

词教学评价方式，以符合翻转课堂任务特性的形式对学生加以评价，增强学生的学习兴趣和学习信心。例如，在完成非谓语动词时态教学后，教师可以让学生根据自己的情况进行自评和互评，同时通过测试题对学生的学习成果进行简单检测。

在高中英语非谓语动词教学中应用翻转课堂教学模式，可以充分利用其教学特性和教学优势，将非谓语动词中的重点与难点拆解开来，并帮助学生更好地进行吸收和消化。教师充分利用翻转课堂先学后教的教学特点，能够在学生了解非谓语动词基础知识的前提下，对学生加以辅导和指引，让学生通过自学深入理解相应知识点。可以预见，翻转课堂日后还将应用于高中英语教学的方方面面，需要进一步的关注及探索。

第六节　翻转课堂模式对高中英语自学素质养成的作用

翻转课堂是教师创建视频，学生在家中或课外观看视频中教师的讲解，回到课堂上师生面对面交流和完成作业的一种教学形态。在此过程中，学生可以和老师一起分享学习成果，学生通过提问、讨论等方式完成新知识的认知和掌握，其不仅可以促进学生的积极性，还可以将课件进行存档，有利于复习和补课。

一、翻转课堂与自学素质养成的相关性

翻转课堂模式是一种自主学习的方法，学生通过视频资料，根据自身的条件进行课业设计。学生通过学习资源对自己的角色进行调控，培养自主学习的能力。在上课前，学生自主观看视频，学习不会受时间的限制，同时还可以减轻学习负担，这就创造了较为轻松的学习环境，与传统的群体教学模式相比，学生的自主性更强。翻转课堂模式能够提升课堂的互动性，老师的角色脱离传统的“教”，成为学习的“引导者”，这可以弱化老师的身份，使老师可以参与到学生的学习中。在没有老师的环境中，学生学习知识，发现问题、提出问题，其才能在困惑中自主学习，提高自主意识。学生具备了自学素质，在英语学习中就可以制定适合自己的学习方法，这就可以作用于翻转课堂，提高其学习效果。

二、高中英语自学素质养成方法

（一）师生互动，提问答疑

在传统的教学模式中，老师是提问的主体，学生负责回答。但是翻转课堂模式下，学生成为提问的中心，师生之间相互提问，然后一起解决问题。在微视频中，老师在制作视频课件时将问题同时提出，学生观看时会带着老师的提问去学习视频。学习视频的过程中学生也会有一些疑问，可以先将这些疑问进行标注，通过互联网或者教科书查询答案，若不确定或者未解决问题的可以集中起来，当小组讨论时与其他同学进行讨论，在此过程中，

学生还可以了解其他同学的思想，有利于发散思维的形成。若小组互动依然解决不了疑问，就将所有的问题制作成 PPT 交给老师，老师可以在上课前进行审查，在上课时为学生答疑，同时还可以引导学生将问题深化，然后将问题转接给学生，引导他们解答。在此相互答疑的过程中，学生不仅可以自主学习，还可以创新思维，提高学生的学习兴趣。

（二）角色扮演，提高自我个性化

设立情景英语课堂，根据学生对英语单词的掌握情况以及对话能力设立情景课堂，可以是商场售货，也可以是外出旅游，也可以是简单的童话故事，学生分别扮演其中的角色，然后进行小型的角色扮演。但是老师需要注意根据学生自己的个性进行角色选择。例如，在路上遇到外地旅游者，一个扮演当地人，一个扮演问路者，一个扮演出租车司机。选择合适的人员后进行情景对话。

问路者：Excuse me, how can I get to Hongze Lake？

当地人：I'm sorry，I don't know, but you can take a taxi.

问路者：Ok, thank you！

问路者：Taxi！

问路者：Please take me to Hongze lake.

出租车司机：All right.

这种情况下学生不仅将学习的英语知识运用到实际生活中，并且还会增添学习的乐趣。在演绎的过程中学生需要独立思考，这样不仅锻炼了学生的口语交际能力，还培养了其自主学习的能力。

（三）小组合作，表达自我

组织合作小组和英语课外兴趣小组，学生通过共同活动最大限度地促进自己和他人的进步。在翻转课堂模式下，学生学习视频后，可以提出自己的疑问，然后组建小组进行本次视频的讨论，小组合作开展交流可以发挥集体学习和个人学习的长处，在小组中大家各抒己见，将自己在学习中总结的经验和认知进行分享，通过借鉴他人的学习经验，通过每个人的表达，了解其思维模式，再次面对问题时就可以多方面考虑。还可以组建英语课外兴趣小组，将相同兴趣爱好的学生进行分组，展开一个话题，让大家互相讨论，若遇到不会的单词，其他人还可以告知，这样不仅可以丰富大家的词汇量，记忆深刻，还可以提高学生的口语表达和交际能力。

在传统的课堂教学中，老师需要密切注意课堂上的学生动向，并且一个学生一旦分心就会影响其他学生，实施翻转课堂则可以避免这些问题。翻转课堂不是在线课程，也不是学生无序学习，翻转课堂是一种手段，可以促进师生之间的互动，增加个性化的接触时间，创建一个学生可以对自己学习负责的环境，提高学生的自学素养，提高教学质量。

第七节　高中英语翻转课堂培养学生的自主学习能力

“未来的文盲，不再是不识字的人，而是没有学会怎样学习的人”。我国中学由于长期的应试教育，一切内容围绕高考，老师上课讲，学生听，课下练。传统的教学方法使学生形成了依赖心理：听课盲目听，抓不住重点、难点等，课下的题海战术使得大部分学生对学习失去了积极性和主动性，学习能力差，更别说自学能力了，导致了很多学生出现了高分低能现象。英语是一门应用语言学科，如何让孩子们把知识内化为自己的东西并加以灵活应用才是关键。

翻转课堂摒弃了传统的上课方式，强调学生的自主学习，把学生的自主学习贯穿在每节课上。在自习质疑课上学生自己阅读教材，在教材上勾画出重点，难点，标出疑问和错点。老师把以前课上讲的内容，录制成微课，依据班内学生的学习能力，录制分层微课。自学课文之后，学生根据自己的学习情况，选择性的观看老师录制的微课。在观看微课的过程中，自己独立思考解决疑难问题，对其中老师的讲解难点，自己整理笔记，做出整理。基本解决一节课的内容，个别不能解决的可以通过小组合作，在组内解决或者请求老师进行疑难突破。在翻转课堂下，学生的学习过程始终是以学生为主，因此培养学生的自主学习能力显得愈发重要。这需要教师在教学过程中对学生进行有计划、分层次的训练，激发学生的求知欲，使自学成为他们内在的需要。使学生从厌学到乐学，从学会到会学，使学生真正获得适应社会需要的学习能力。

自主学习能力表现为一个人能够自我管理自己的学习，合理统筹自己的时间。自主学习表现为学习者学习行为的自我计划、自我管理、自我监控、自我评价等。在翻转课堂新的教学模式下，培养学生的自主学习能力体现在以下几个方面。

一、学生认识

让学生认识翻转课堂的本质，提高学生自主学习的自觉性。翻转课堂在我校实施之初，学生们较抵触，已经习惯了上课听老师讲，在自学质疑课上，学生无所事事，自学效率很低，自己得到的知识输入很少，导致在训练展示课上，学生不能顺利地进行知识输出，对所学知识点不能系统化，不能灵活应用。这一切源于学生对翻转课堂新的教学模式不了解，不能体会翻转课堂会给他们带来什么。因此，翻转课堂在实施翻转课堂教学前，让学生了解翻转课堂这一教与学方式的内涵特征、目的意义和操作流程，提高自主学习和互动交流的自觉性和主动性。让学生了解通过翻转课堂学生的英语课该学到什么，自己培养哪方面的能力。让学生产生自主学习的动力。

二、老师观念

学会放手，教师要转变观念，放心让学生通过自己的努力获得知识并解决问题，把舞台还给学生。英语学科是一门交际性学科，强调知识在实际生活中的应用，它要求学生通过英语知识的学习，储备足够多的单词、短语、句型，同时形成自己的学习方法，具备一种自学能力，在日后的实际交流中才能应付自如。在翻转课堂中，教师不再是知识的传播者，而是学生学习的引导者、帮助者和组织者。在翻转教学实践中，许多教师的观念难以实质性地转变。一些教师把自己的人生价值定位在“传道和授业”上，这些教师不能放手让学生自主学习，总是不放心，总想再讲一遍，有些老师甚至在学生自己观看微课后，还要把知识点再讲一遍，重复的讲解导致学生会产生这样的想法：老师还会讲的，所以在观看微课的过程中，不认真，不思考，自学能力不增反降。教师应该深刻地认识到，教师基本上不是传道和授业者，而是学生自主学习过程中的指导者，为学生的自学铺路，做好适时的指导和提升。

三、激发兴趣

兴趣激发学习热情，从“要我学习”，变为“我要学习”。托尔斯泰说：“成功的教学所需要的不是强制，而是激发学生的兴趣”。兴趣是学习最好的老师。心理学研究表明，学习兴趣的水平对学习效果能产生很大影响。学生学习兴趣浓厚，情绪高涨，他就会深入地、兴致勃勃地学习相关方面的知识，并且广泛地涉猎与之有关的知识，遇到困难时表现出顽强的钻研精神。否则，他只是表面地、形式地去掌握所学的知识，遇到困难时往往会丧失信心，不能坚持学习。这就要求老师对课堂的设计，微课的设计的更有新意，能引起学生的兴趣。学生就像有待点燃的火把，一旦点燃，其潜力无法比拟。在导入环节，老师要充分利用现代科技，借助相关图片，短视频，相关新闻报道等，引导学生对课文学习产生欲望：比如，在 book 4 unit 4 body language 的课文学习之前，通过观看憨豆先生的视频，让学生明白身势语在交流中的作用，通过展示新闻：暑假各国小朋友去美国夏令营，让学生思考如何与来自不同国家的小朋友打招呼，让学生带着任务进行阅读，学生的情趣一下就来了，对课文的阅读特别认真。在学生自学结束后，进行 role-play，学生把课上所学真正运用到了生活中去。学生是英语课堂中真正的“演员”，教师应该想方设法让他们去听，去模仿，去表演，去思考，在整个自主学习过程中，获去知识提高能力体会学有所获的愉悦。

四、学案导学

优秀的学案引导学生顺利自主学习。好的问题设计是引发学生自主学习的关键。教师将知识点的内容（重点难点疑难点考点）转化为若干问题，通过问题引导学生按照自主的节奏和方式一步一步进行有序学习，达到教育目标。翻转课堂的实质，就是以创设应用性问题，引导学生自己发现知识；以创设趣味性问题，引发学生自主学习的兴趣；以创设开放性问题，引导学生积极思考；以创设新异悬念，引导学生自主探究；以创设疑惑陷阱，引导学生主动参与讨论；以创设已有知识的问题序列，引导学生自己获取新知识的生长点。优秀的教师应该具备把教学内容转化为问题的能力。

五、微课助学

适合学生的微课能引起学生的学习兴趣，提升自主学习能力，信息技术在教学中的有效应用，对于个性化学习来说如虎添翼。我们学校应用信息技术为学生开发了各种各样的微课，课件，音频，这些教材比传统教材更适合于个性化学习，学生根据自己的学习实际，选择适合自己的微课观看。老师在微课的制作中突出重点，难点，灵活处理讲解的方式方法，以让学生更容易接受，更感兴趣的方法呈现。

六、阅读技巧：培养学生的阅读能力，训练学生的阅读技巧很关键

纠正学生在阅读中出现的不良习惯，提高自主学习的效率。良好的阅读习惯和技巧，对提高阅读能力至关重要。学生阅读文章时常采用的方式是回视重读或遇到生词就查词典等不良习惯，这就分散了学生的注意力，影响阅读速度，容易使得学生只停留在某个词或句子上，学生获得的信息支离破碎。因此，指导学生养成默读习惯，抓住句子中的核心句，进行连贯性理解的训练，从而培养学生猜测词义的能力。根据不同的阅读目的，采用不同的阅读方法（略读和详读）。英语课中学生的阅读速度提升，阅读能力增强，保证了学生的自主学习效率。

七、自我监控

让学生自我监控英语学习过程培养自我反思和总结的能力。翻转课堂下，英语自主学习学生必须要有自主监控、调节英语学习过程的意识，并能根据反馈信息，积极查找原因，及时的发现存在问题，在英语学习活动完成之后，学生对学习过程做深入地反省和总结，最终把不明白的问题小组内讨论，学生在小组讨论时，也要有很好的组内监控和组内调节能力，保证组内的讨论顺利，有效。从反思中吸取教训，积累经验。

在一年半的翻转课堂教学实施中，从学生的一开始不适应自主学习到现在能够顺利完成学习任务，学生的学习习惯发生了质的变化，学生的自主学习能力有了很大提升，学生的英语成绩随着能力的提升而进步。在翻转教学中，培养学生自主学习的能力，促使学生在教学活动中自主去探索、去思考，才能达到最佳的教学效果。

第八节　“微课”的翻转课堂模式与高中英语课堂教学

微课的翻转课堂属于创新的教学模式，经过一段时间的使用，发现这两种教学模式能够有效提升课堂教学的质量和效率，尤其是在高中英语课堂教学中的效果十分显著。因此，主要阐述了微课的翻转课堂模式在高中英语教学中的运用，旨在给高中英语课堂教学提供一定的参考和帮助。

一、微课中应用反转课堂的教学方法

（一）凸显学生主体地位

反转课堂这种教学模式，核心理念就是将学生当作课堂的中心，给学生创造更多自主学习和进步的机会和空间。要求教师必须转变自身的教学理念，必须一直坚持学生为课堂的中心，明确学生的主体地位，自己扮演课堂中辅助者的角色，适当引导，让学生能够自己学习研究英语知识，进而解决一系列的问题。

（二）充分发挥教师引导作用

教师的引导作用具体反映在教师对于课堂教学速度方面的把握，以及对于教学内容的理解程度。因此，在翻转课堂教学的时候，教师必须要选择恰当的时机，走出课堂，用客观的态度面对自身的教学行为，一定要把握好学生学习的进度和状态，让学生能够主动学习和研究英语知识。

（三）培养学生自主学习能力

翻转课堂这种教学模式最根本的目的就是让学生形成自我学习和研究的能力，教师必须要最大限度地发挥指导的作用，让学生逐渐摆脱对教师的依赖心理，提升学生的自主学习和探索能力。

（四）坚持适应性原则

第一点，要求教学内容一定要适合翻转课堂教学模式的使用原则，针对英语教学过程中部分操作性和实践性比较强的内容，应该利用翻转课堂的模式，不断加强学生对知识的运用能力。第二点，要求教学方法一定要满足教学模式的使用规则。比如，在学习人教版高中英语第一单元的过程中，就可以使用合作教学法或者是项目教学法，这些和翻转课堂的教学模式拥有良好的兼容性，能够达到较为理想的教学效果。

（五）学生角度的方法

多角度多思维解题，学生在解题的时候，应该站在不同的角度去思考问题，转化问题，在提升知识点连贯性的前提条件下，还要不断拓展自身的解题思路，这样在做题的过程中

才能够找到最为简单和适合自己的方法。

增加学习自信，学生在观看微课遇到问题的情况下，马上想到的是自己解决，而不是求助于教师，要多从几个视角去看待问题，自己研究，尝试解决，仍然解决不了的情况下，再选出一种自己最满意的方法和教师一起讨论，通过教师的引导解决问题。

培养学生英语学习思维，可以让学生背一些英语文章或者是经典的句子，当然前提是要记住学习的基本单词，选择相对开放的英语题目，不断提升自身的语言组织能力。

通过本文对微课的翻转课堂在高中英语教学中应用的进一步分析和阐述，使我们了解到通过微课翻转课堂的应用，能够有效提升教学的质量和效率，因此，希望通过本文的阐述，能够给高中英语微课翻转课堂教学方面提供一定的参考和帮助。

二、“微课”的翻转课堂模式在高中英语教学中的应用

（一）微课的设计与制作方面

微课的设计与制作与翻转课堂的教学效果息息相关。由于微课教学的内容较少，主体单一，所以，在进行高中英语教学时，老师可以将教学内容分阶段学习，然后，再根据这些阶段学习的内容制作成微课视频。其中，对于微课的教学内容，除了课本知识以外，老师还可以选择一些热点和时事新闻等。例如，在进行人教版高中英语必修 Unit 4“Earthquakes”教学时，老师可以在上课之前准备 reading，比如“The Night The Earth Didn’t Sleep”的课件制作，可以引入地球灾难和地震发生的前兆等等事件，这些虽然不是课堂教学的主要内容，但是与课文教学的内容息息相关。同时，可以让学生利用网络搜索关于灾难和地震的资料，然后，将这些信息进行整理。这样，可以充实学生的教学课堂，让学生在多样化的教学环境中，感受学习的乐趣。此外，老师还可以穿插一些单词图片或者视频，增强学生视觉和听觉方面的冲击。比如，在其中穿插一张发生地震的图片，或者发生火山爆发的视频，其中图片上可以带上相关的单词，例如“burst”（爆炸，突然发作），well（好的）等词汇。这样，既可以加深学生对知识的印象，也可以提高学生的学习兴趣。另外，在设计练习题时，可以适当地播放微课视频，让老师随时了解学生的学习情况。而老师在进行英语表达时，必须要带有情感，保证发音标准，这样才能增强课堂的互动性。

（二）师生定位的转变

在传统的教学模式中，由老师主导课堂，进行课堂的教学，选择合适的教学方法。这样，学生完全处于被动接受的状态，导致学生的学习任务只剩下听和练习即可，最终获得的教学效果并不是很好。所以，在“微课”的翻转课堂教学模式中，必须要以学生为主，进行自主性教学，让学生主动学习微课视频的内容，然后，通过习题进行检测，而老师只需要起到引导作用即可，也就是对学生模糊不清的知识点，老师可以进行详细的讲解，帮助学生掌握相关的知识点。例如，在进行人教版高中英语必修 Unit 5“Reading”教学时，课文内容主要包含游乐园的一些设施，比如，Merry-go-round（旋转木马），Roller-coaster（过山

车）等。而这些基本的表达方式和词汇，学生都可以掌握，主要的难点在于单词的用法上。比如，“variation”是名词，意思为“变化，变更”，在句子中，不同的用法表示的含义也是不同的。举例说明：1. Many varieties of roses are being shown.（许多玫瑰花品种在展出。）2. Habits and hobbies vary from person to person.（习惯与爱好因人而异。）3. The temperature varied throughout the day.（气温一整天变化无常。）这样，可以分别锻炼学生在听说读写四个方面的能力，也可以提高学生独立自主的学习能力。为此，在“微课”的翻转课堂教学过程中，必须要进行师生定位的转换，并培养学生英语的综合能力。

（三）教学活动的组织与管理

在上课之前，老师可以通过多媒体技术，解决学生在自学过程中遇到的问题。为此，教师必须要提前做好准备工作，深入地了解教材的内容，并仔细地分析教学的重点和难点。同时，“微课”的翻转课堂教学模式主要是利用网络技术和环境，进行学习。但是，由于当前高中生对英语的兴趣不高，所以，在网络环境的学习过程中，很容易出现走神的现象。为此，老师必须要加强监督力度。另外，在进行教学时，老师可以根据学生观看微课视频产生的问题，让学生进行自主交流和讨论，并鼓励学生说出自己的想法和意见。例如，在进行人教版高中英语必修 Unit 1“Cultural Relics”教学时，很多学生在观看微课视频后，对单词在语句中后面连接的词汇形式存在着一定的疑问，为此，老师可以让学生进行交流。比如，学生 A 举例说明：动词 doubt（怀疑，不相信）在肯定句中，后面跟 wh- 类的连接词是引导的宾语从句，而在否定句和疑问句中，后面一般跟“that”，比如，1. I doubt whether the news is true.（我怀疑这条新闻是否是真的。）2. I don’t doubt that you are honest.（我确信你是诚实的。）这样，既可以有效地进行教学组织与管理，也可以帮助学生归纳和区分相关的知识点。

总而言之，“微课”的翻转课堂教学，主要是利用多媒体技术，进行视频教学，从而构建完善的教学活动管理制度，保证学生能够全面地掌握相关的学习内容。这样，既可以培养学生的学习兴趣，也可以调动学生的学习积极性，从而保证高中英语教学的质量。

第九节　基于信息技术的高中英语翻转课堂

基于信息技术的翻转课堂教学模式将信息技术融入翻转课堂教学模式当中，让学生的学习主动性得到了很大的提升。以下笔者结合具体的教学实例，对其在高中英语课堂中的运用进行分析。

一、基于信息技术的翻转课堂教学模式的特征

翻转课堂重新调整了课堂内外的时间，将传统学习过程进行翻转，改变了传统课堂上

的教师与学生的关系，让学生真正成为课堂的中心。翻转课堂最初出现于美国，美国的学者将其应用于经济学的教学当中，取得了不错的成绩。翻转课堂更加突出了学生在课堂上的主体地位，同时不受课程学时的限制，打破了传统课堂的时空限制。如今，信息技术的快速发展，让各种电子设备成为学生日常使用较多的物品，学生对于相应的软件和技术都有了一定的熟悉度。教师可以借助相关的平台和软件改进翻转课堂教学模式。

基于信息技术的翻转课堂教学模式是对传统翻转课堂教学模式的改进，借助信息技术的平台，让学生与教师之间的互动更便捷，学生通过互联网平台打破了孤立的学习模式，可以与同学之间进行互动交流，教师也可以随时进行指导。

二、基于信息技术的高中英语翻转课堂教学模式的应用

笔者对本校的英语教师进行问卷调查之后发现，超过半数的教师愿意尝试此种教学模式。下面笔者结合牛津译林版高中英语必修三 Unit 3 Back to the past 阐述该教学模式的应用。

（一）设计辅助资料，促进课前学习

在翻转课堂教学模式中，学生的自主学习环节尤为重要。教师需要在课堂开始之前，在相关平台上注册创建自己的班级，让学生加入班级之中。随后教师制作好微视频和导学案，上传至相关平台，学生在英语课堂开始之前，需要在平台上观看视频，同时根据导学案完成相关的学习任务，并且在平台上进行打卡。教师可以在平台上留下相关的检测习题，来检查学生的学习情况。教师在后台收集数据，了解学生的学习情况，同时学生可以借助平台的讨论区，与同学、老师进行交流。

例如在本单元的整个教学过程中，使用到了基础教学中心网络教学平台，该平台利用网络化的手段为教师和学生提供了一个交互的环境。教师在课堂开始之前，首先注册账号，进入平台，创建自己的班级，让学生加入班级之中。本单元的教学需要让学生了解人类灿烂的文明，同时掌握有关人类文明的词汇。教师制作了三段微视频，学生可以在每节课开始之前选择与该节课相关的视频进行学习。第一段是有关古代建筑的短片，让学生通过影音资料直观感受人类古代文明，使学生对单元主题产生浓厚的兴趣。第二段视频则以单词教学为主，教师使用图片展示新单词，同时配以讲解，例如 decorate（装饰）、educate（教育）、remain（保持）、wooden（木制的）……第三段视频则以阅读教学和语法教学为主，讲授本单元的主谓一致语法知识。学生在观看完三段微视频之后，需要完成教师上传的作业，检查的内容包括单词的发音、拼写，朗诵并复述本单元的阅读课文，完成阅读相关问题及语法知识填空题。例如：E-mail，as well as telephones，（is playing/have played/are playing/play）an important part in daily communication. 学生通过平台提供的接口，完成音频的上传。教师在收到学生提交的作业之后，可以了解学生的问题，并且给出指导，同时学生可以通过平台上的社区提出自己的问题。

学生在课堂开始之前独立观看视频，这样的形式让学生可以充分练习发音，跟随视频反复进行学习。平台的引入让学生的学习变得有目的、有组织。教师通过分析在平台后台收集到的数据，可以更好地开展后续的课堂教学。

（二）总结学生问题，进行课堂互动

学生在课堂开始之前，通过平台上的资源进行了学习，教师也收集到了相关的数据，这样可以节约有限的英语课堂时间。教师的课堂教学应该分两部分来开展：第一部分是针对学生课前学习中出现的问题，进行有针对性的指导，就学生在自主学习过程中反馈出来的重难点进行归纳讲解，给出指导；第二部分是开展任务式的教学，针对学生暴露出来的问题，结合教学目标，设计学习任务，并且让学生分组完成任务、进行汇报。

例如在本单元的语法面授教学过程中，教师仔细分析了学生提交的作业以及平台交流区中学生反映出来的问题，发现本单元语法知识中，学生对于下面几个词组引出的成分的主谓一致容易弄错：as well as、rather than、分数或百分数 + 介词 of+ 名词。教师针对这些问题，首先结合例句对这几个词组进行辨析，随后对语法知识进行总结，告诉学生主谓一致需要遵循语法一致原则、意义一致原则、就近原则，然后对于几种特殊的情况进行总结，例如 as well as、rather than、like、except 等用于引起一个附加的成分，谓语动词的形式不受附加成分的影响，与前面的主语一致。随后教师在平台上给出相应的习题，供学生练习巩固。教师给出一个课堂讨论任务：Is it useful for people to study from the past? Why or why not？要求学生尽可能使用到主谓一致结构。学生根据任务开展分组讨论，同时可以使用平台弹幕功能实时与教师进行互动交流。讨论结束之后，请一到两组学生上台进行汇报。

前面的针对性总结指导帮助学生扫除了自主学习过程中出现的问题，让课堂变得高效。后面的任务式分组讨论，让学生在分组协作的过程中深入理解文章内涵，促使学生真正运用英语进行思想交流。

（三）创新评价体系，完善课后评价

基于信息技术的翻转课堂教学模式改变了传统的教学模式，评价方式上也应该有相应的创新。在翻转课堂教学模式中，教师是学生学习过程中的引导者和学习效果的评估者，在学生完成任务后，教师对学生的能力要做出科学的评价。教师应该重视对学生的形成性评价，开展多维度的评价，包括对学生自主学习效果、课堂活动参与度、综合语言应用能力的评价，以及小组之间的互评和个人评价。

例如在本单元的教学中，教师将评价分为两个部分来完成：第一个部分是在课前学习完成之后。学生完成了平台上的作业之后，需要在平台相应的位置写上对自己自主学习过程的评价，包括给自己的整体学习效果打出几颗星，写下对自己的评语和以后的改进方向。教师在批改学生的作业之后，给出相应的分数。第二部分的评价则是在课堂教学结束之后。学生需要在平台上完成教师留下的习题，这些习题是根据课堂总结的重难点进行设置的，随后学生需要在平台上对自己和自己小组的成员进行评价，教师再综合学生的评价和习题

完成情况给出一个综合评价，提交至平台。学生可以看到自己的整体表现，督促自己不断改进。

这样的评价方式让传统的“唯分最尊”的评价成为过去，借助信息技术平台，学生可以查看到个性化的评价，这个评价只针对自己的表现，学生还可以从他人的视角看清自己，从而改进自己做得不好的地方，加强自己的优点。

总而言之，基于信息技术的翻转课堂教学模式借助网络平台，将翻转课堂的优势发挥至最大。该教学模式对于教师制作视频、使用计算机技术的能力提出了新的要求，需要教师不断努力提升自己，使课堂更加高效。

第七章　英语翻转课堂的具体应用

第一节　基于“翻转课堂”的高中英语语法教学应用

随着电子信息技术和网络信息设备等的广泛发展，翻转课堂以其独特的优势受到了教育界的持续关注。翻转课堂作为一种新型教学法，具有开放性、灵活性、时效性、内涵丰富性等诸多优点，对提升高中英语语法教学实效具有积极的促进作用。翻转课堂改变了传统英语语法教学“一言堂”的传授式课堂模式，使语法学习由“被动接受式”向“自主探究式”转变，对教师的“教”和学生的“学”具有双重裨益。

一、“翻转课堂”在高中英语语法教学中的具体应用

将“翻转课堂”应用于高中英语语法教学具有独特的优势。高中英语语法知识体系庞大、结构复杂，知识点烦琐零碎，如果仅靠教师在课堂的“教”，学生是无法全面、系统地掌握并灵活运用知识的。让“翻转课堂”进入高中英语语法课堂，有利于增加学生学习语法的机会和时间，促进其学以致用。那么，如何在高中英语语法教学中应用“翻转课堂”呢？笔者认为，具体应用流程主要有以下三个。

（一）课前任务预学——引导自主学习

在传统英语语法课堂教学中，教学模式一般为“先教后练”，引入“翻转课堂”后，教学模式则变为了“先学后练”。前者注重教师的“教”，而后者更关注学生的“学”，颠倒了“教”与“学”的位置，让“学”成为主体。课前任务预学是“翻转课堂”应用实施的第一个流程。“任务预学”是完全的学生自学行为，是颠倒“教”与“学”的第一步。

“课前任务预学”的实施有两种方式：一是教师督促学生在课下借助互联网视频进行自主学习，以做好充分的课前准备，或者教师可以直接将自己制作好的微视频上传至指定的英语学习平台，让学生自主观看、下载学习。二是教师利用课前 10 分钟呈现“微课”（微课可以是音频＋ PPT，也可以是微视频形式）。微课的内容必须基于本堂课的语法知识，应包括所学语法知识的理论知识点，如概念内涵、语法规则、语法运用原则等。其呈现形式应多元多样（如语法句子对比呈现、听力对话、小段英语阅读、歌曲欣赏等），具体表现为语法知识运用情境的呈现。当然，以上两种方式有一个共同点，那就是教师要提前为

学生发放语法学案，以学案指导学生的自主学习。

例如，在教学“现在进行时表将来”的语法知识时，教师所搜寻或制作的微视频内容至少应包括：现在进行时表将来的理论内涵、现在进行时表将来的动词（如 come，go，leave，arrive，travel，take，stay，do 等）、关于现在进行时表将来的例句呈现、听力对话等。教师所准备的学案要紧紧围绕“现在进行时表将来”这一语法目标进行。学案上的预学任务题型可以是判断题、对话填空题、句型复现题等多种类型。学案上有针对性的语法练习能够激发学生自主学习的积极性，提升预学效果，促使学生对目标语法知识点有初步的认识。另外，在任务预学过程中，教师要激励学生找出疑问，并将在预学过程中自己不能解决的问题一一记录下来。

（二）课中小组合作——注重指导点拨

在翻转课堂中，学生自学的主阵地由课下转移至课上。在第一个阶段，学生通过课前预学对基本的语法规则有了大致的理解，但并未将语法规则内化为自己的知识，即学生对语法知识辨识归纳的能力还未形成。因此，在课堂教学中，教师要为学生营造逼真的语法学习情境，使语法规则更加直观、形象，从而增加学生学习语法的真实性与趣味性。这样，学生才能更加自主、高效地辨识语法规则与规律，更高效地掌握语法知识，实现“学得快”“记得牢”“懂得多”“用得好”。

翻转课堂“课中阶段”的实施主要分为三步：

（1）汇报解疑，指导点拨。在课前任务预学后，教师可激励学生以小组为单位对预习结果进行汇报，并将记录在笔记本上的疑问逐一提出来。教师要对各小组的问题反馈进行分类总结，挑选出一些具有典型性与代表性的问题进行讲解答疑。在这一过程中，教师要尽量先让学生进行小组合作探究，必要时进行指导点拨。例如，在教学“过去完成时的几种用法”时，学生经过任务预学后，普遍对“时间名词＋ before 在句子中作状语，谓语动词用过去完成时”存有疑惑。此时，教师可以先让学生进行小组合作讨论，让小组成员合作举出例子以加深理解。小组合作后，教师对学生举出的例子进行纠错。最后，给出具有权威的例子并作详细讲解：句子“He said his first teacher had died at least 10 years before.”中的时间名词为“10 years”“10 years before”，在句子中作状语，谓语动词 die 用过去完成时 had died。

（2）辨识归纳，组织活动。在这一阶段，学生通过预习，对目标语法的规律、运用的语境已经有了大致了解，教师可以基于语法内容组织多元活动，让学生在具体情境中强化对语法知识的理解和运用，做到更好地“辨识归纳”，如教师可以设置趣味竞赛游戏，或者编写情境对话等。例如，“一……就……”是“过去完成时”中的一种情况，常见的句型有“Hardly/No sooner/Scarcely had ＋主语＋过去分词＋ when/than/before ＋一般过去时”，教师可以指定各小组任意成员使用上述句型随意举出一个恰当的例子，看哪一个小组完成得既快又准确。这一游戏看似简单，实则需要每一个小组之间合作探究、配合得当，共同探索出内涵丰富、语法准确的句子。这一活动既能增强学生的自主探究能力，又能培养其合作学习的意识。

（3）操练运用，自我内化。这一步对于学生来说至关重要。学生通过自主学习、合作探究等对语法知识已经熟稔于心。此时，教师要趁热打铁，让学生对已学新知识进行系统巩固。这样，才算真正践行翻转课堂“先学后练”的课堂模式。在高中英语语法教学中，教师可以用 PPT 展示一些关于目标语法知识点的相关练习题，让学生进行集体练习，共同完成；或者可以用学生感兴趣的图片、影像等模拟相关的语言情境，让学生运用目标语法知识进行表达与交际。

（三）课后评价总结——帮助明确得失

“课后评价总结”是“翻转课堂”在高中英语语法教学中实施的最后一个流程，这一流程同样至关重要，不可或缺。有的教师在运用翻转课堂时，往往不注重这一流程的开展，这不利于学生明确得失、优势互补、全面提升。综合评价有利于“翻转课堂”教学效果的进一步提升，因此教师要仔细观察学生在“翻转课堂”教学中的综合学习情况。在高中英语语法教学中，教师要重点观察学生的学习态度、学习激情、自主学习情况、合作探究情况、语法知识掌握情况等（邹文慧，2016）。只有这样，教师才能对学生做出合理的评价，继而深刻反思课堂，实现教学相长。

例如，在教学“表示倍数的常用结构”的语法知识时，教师要充分发挥“课后评价总结”的功能，对学生的“学”和自身“教”的情况有一个明确、清晰的认识。如教师发现学生对“数词＋ times ＋性质名词＋ of（性质名词主要有 length，size，height，weight，depth 等）”“（not）half ＋ as ＋形容词原级＋ as”这两个表示倍数的结构掌握不到位，而且在“合作学习”环节总是频繁出错。这时，教师在对学生的学习进行了公正评价后，还需积极帮助学生纠错，针对学生的薄弱环节重点讲解。经过反思，教师发现自己在“微视频”制作方面存在瑕疵，改进后学生的学习效果可能更佳。可见，课后评价与总结对于“翻转课堂”教学中的“学”和“教”都具有积极的意义。

二、在高中英语语法教学中应用“翻转课堂”的意义

在高中英语语法教学中，要想充分发挥“翻转课堂”的功效，教师必须严格按照翻转课堂实施的具体流程，不放过任何一个细节，为高效的英语语法课堂构建做好准备。翻转课堂模式是对传统英语语法教学模式的一个大的颠覆，对高中英语语法课堂教学有着十分重要的启示意义。

传统的教学模式是“先教后学”，学生极其被动，而翻转课堂是“先学后教，先学后练”，课堂运行模式由学生“被动听”变为“主动学”“主动问”，完全体现了学生的课堂主体地位。而且，翻转课堂教学模式增加了生生互动、师生互动，对营造和谐、民主、活跃的课堂氛有重要的作用。教师有更多时间帮助学生，有利于实现培优转差。此外，“翻转课堂”的

运用有利于学生自主学习能力的提升，语法学习效果更好。学生在家就可以上网自由浏览网页，反复观看视频，特别是对于部分接受能力较差的学生，可将教师的微课资料带回家，反复观看，直到弄懂、学会。“翻转课堂”还有利于教师观看优秀教师的教学视频，取长补短，实现自身的进步和发展。

综上所述，“翻转课堂”是一种全新的教学模式，它让学生充分掌握了学习的自主权、主动权，提高了学生英语学习的积极性和主动性。在高中英语语法教学中，巧用“翻转课堂”能够优化课堂教学，提高学生个性化学习的效率。

第二节　“翻转课堂”在高中英语阅读教学中的应用

阅读是获取信息、提高语言应用能力的基础。著名英语教学专家胡春洞曾说过：“就外语教学总体而言，中国的外语教学是以阅读教学为基础的。”然而，由于面临高考的压力，英语教学难以摆脱传统的教学模式。一些英语教师忽视了学生的学习兴趣及情感体验，阅读教学枯燥乏味。这种教学方式不能满足不同学生的需求，学习能力较强的学生容易感到课堂教学进度较慢，学习效率不高；而能力较弱的学生却时常认为教师没有详细解释文章内容，依然感到困惑。翻转课堂可以展示丰富的国内外文化背景，使学生处于一个真实的语言情境中，接受更多视觉与听觉上的刺激。这种教学方式更易于呈现教学重难点，有利于师生之间的互动，培养学生的自主学习能力。

一、翻转课堂模式在高中英语阅读教学中的应用

“翻转课堂”在高中英语教学中的应用主要体现在课前、课内和课后。

（一）教学准备

课前设计与开发学习材料是实施翻转课堂的关键，也是确保学生能够完成自学任务的前提。教师可以用多种形式呈现课前学习材料，比如导学案、微课视频、教学 PPT 等。教师在设计学习材料前，应该有详细的教学计划，包括教学目标、教学内容、作业、练习、评价量表以及交流平台、交流时间等。微课视频的制作是实施翻转课堂的重要前提和准备。课前视频应该避免死板、单调的讲述 PPT 上的内容，教师应深入透彻地分析教材，利用各种资源，收集丰富的素材，制作的视频要突出主题、强调重点，分析难点。为了使学生感兴趣，可以把视频做成动画的形式，也可以让学生自己搜集素材，如与课文相关的图片与视频。阅读课的教学视频应该把重点放在对课文知识的拓展和对词汇量的扩大上，有针对性地扩充学生的背景知识，增加学生的知识面。每节课的视频可以根据教学内容分为多个小段，考虑学生的兴趣和耐心，微课视频时长一般为 3—8 分钟左右，最长不宜超过 10 分钟，6 分钟最优。教师可以通过 QQ 群或云平台提供课文学习微课视频。

（二）课前自主学习环节

首先，学生在课前通过QQ或云平台下载学习资源包。获取学习资源包后，学生可以借助资源包学习微课视频里的生词音标和课文录音，自己掌握节奏学习。学习能力强的学生可以很快掌握生词的读音，并能流利地朗读课文；学习能力差的学生可以放慢速度，反复观看视频，对于不会读的单词和句子，可以反复听和读，直到能读准单词、朗读课文为止。此外，教师还可以让学生将自己的课文朗读录制成音频发送给老师以检测课前学习效果。学生的生词障碍被扫除后，阅读效率也会得到提高。学生通过视频里的课文解析、重点句型、难句的分析和讲解，便可学习理解课文。在观看教学视频的过程中，学生可以根据实际情况掌握自己的学习步调，遇到不懂的地方用记号笔画出来或做笔记，把没有解决的问题带到课堂上与同学或老师交流。在这个过程中，学生对所观看的教学视频需要有一个全面的认识和总结，明确自己疑惑的地方。

其次，设计适量的练习。为了加强学生对课文内容的巩固并发现学生未能理解之处，教师应根据课文有针对性地设置练习，通过学生做题的准确性来检验学生对课文的理解。学生观看完教学视频后需要完成教师布置的练习，把回答不出的或有疑惑的题目标出来，带到课堂上互动交流，以解决问题。根据“最近发展区理论”，教师对课前练习的数量和难易程度需要做合理设计，使学生加深对微课视频中知识的巩固与深化。教师可以通过学生所做练习的准确率时刻了解学生实际的学习情况。

（三）课堂探究交流环节

1. 确定问题，交流解惑

翻转课堂最大的特点之一就是学生在课前观看微课视频进行自主学习，把课堂时间充分用在互动交流、分享知识，展示自我，解决问题上。学生在观看微课视频的过程中，由于自身的知识面、看待问题的角度不一样，对课文的理解也会不同，这样学生之间会产生认知不平衡的现象，会导致学生新的认知结构的产生。在课堂活动开始阶段的交流中，教师需要针对学生观看视频的情况和练习的反馈情况明确学生的问题，在课堂上有针对性地进行解疑。学生也可以提出自己在观看教学视频中所存在的问题，与教师和同学共同探讨。

2. 合作交流，深度内化

学生在自主学习阶段，已建立了自己的知识体系。要完成知识的深度内化，需要在合作交流中完成。教师不是站在讲台上，观望着课堂里所发生的一切，而应该走下讲台，融入学生的探讨中，参与学生的小组合作活动。当学生在讨论中遇到问题时，教师可以及时提供帮助，引导学生解决问题。教师在制作微课视频时，可以针对课文设计一些需要深入思考的问题，然后让学生在课堂中进行讨论，有些话题还可以让学生进行辩论。

在这个过程中，学生能够锻炼口语，加深对课文的理解同时有利于增强学生之间的互动与合作。教师还可以把学生分成几个小组，并且选择相应的任务进行小组合作交流。在此过程中，教师可以有针对性地指导各个小组。这样，各个层次的学生可以有选择地通过小组合作去完成各项任务。如果有个别学生之前没有进行自主学习或自主学习能力差的同学，那么教师就可以让他们课后再次观看微课视频，并通过网络进行语音交流，这样能够及时解答学生的问题。

3. 成果展示，分享交流

学生在经过自主学习和合作交流后，完成个人或者小组的任务。学生可以通过演讲、角色表演或辩论赛等形式交流学习心得、体会。在成果展示过程中，学生可以通过教师与学生的点评对文章获得更深的了解。同时通过观看其他小组的展示，学习到他人的优点，明确自己的优势与不足。在成果展示过程中，教师可以将某些环节拍摄下来，发现学生的闪光点或不足；同时还可以发到群里或个人，使学生找到自信，找到自己今后努力的方向。对于表现好的学生，教师要进行适当的奖励。

（四）课后有效训练环节

掌握相应的阅读技巧是提高阅读水平的关键。教师可以设计以阅读技巧为主题的微课视频，如猜测词义、找主题句认知篇章结构、理解作者意图、利用语境、把握顺序等，并借助导学案、双语报进行各项阅读技能训练，使学生全面掌握阅读技巧。做题时，教师可以让学生把做题的时间记录下来分析题型，每题的答案在文章中找到依据，画出生词，做完题目后查字典，并记在一本本子上，然后把这些生词背下来。在课堂上，教师也可以叫学生到讲台上来讲解一篇对阅读文章的理解。

翻转课堂是传统课堂教学的有益补充，可以激发学生的学习兴趣，培养学生的自主学习能力。当前，翻转课堂在英语阅读教学的探索才刚刚起步，我们需要通过更多的实践发展这种新的教学模式。为了更大程度地发挥翻转课堂在阅读教学中的优势，我们需要在实践中不断完善改进。随着翻转课堂在英语阅读教学中的逐步深入，相信阅读教学会迈上一个新的台阶。

二、教师准备阶段

教师准备自主学习资料：包括微视频、导学案、自测卡等。翻转课堂要求教师能根据课程教学的具体目标自行设计、录制教学视频。不仅要求教师会录，还要求录制的视频结构合理、条理清晰、声画清晰、互动性强、有吸引力。教师成为教学视频研发者与建构者，这不仅对教师的视频录制技能、教学设计技能、教学知识处理能力、知识讲解能力等提出了新的要求，还对教师工作的时间提出了挑战。于是有些老师提出可以在集体备课时以备课组为单位选取适合的视频或是选择合适的老师在学校的技术帮助下集中录制视频，资源共享也不失为一个好办法。微视频时间尽量控制在十分钟以内。微视频要尽量做得精美，这样才能吸引学生的注意力。学生的自觉性相对较差，长时间的视频学习容易导致困倦和厌烦。因此视频要尽量短小精悍，并应该加强互动性，多多提问，给学生思考的时间而不是在视频中一直讲个不停。例如，在 Module 2 Unit 5 Music 这一课中，教师首先制作一个有不同音乐风格的歌曲视频（目的是激发学生的阅读兴趣），然后制作一个简短的关于文章重点单词和词组的讲解视频并在视频中教授学生查字典的方法。如：pretend，attach，passer-by，rely，familiar，attractive，dream of，to be honest，play jokes on，rely on，get familiar with，break up 等词（目的是扫除学生阅读文章时所遇到的生词障碍并教会学生如何使用字典，使他们在以后的学习中可以自主学习词汇），最后制作一个有关学生如何寻找课文相关背景知识的策略指导视频以及该乐队成长历程的讲解视频（目的是帮助学生整体理解文章内容和篇章结构）。

第三节　翻转课堂在高中英语写作教学中的应用

高中英语写作教学是高中英语教学体系中的重要组成部分，其目标在于培养学生英语素养，提升学生写作技能，实现学生英语短文的有效创作。而基于信息技术、互联网平台、多媒体资源下的“翻转课堂”，为高中英语教学高效课堂的构建提供了新动力，对提升学生自主学习能力、英语学习兴趣与英语写作技能具有重要影响作用。对此，笔者基于“翻转课堂”，结合高中英语写作教学要求与教学内容，针对学生实际情况进行了如下英语写作课堂教学设计。

一、基于教学内容，明确教学目标

本书以人民教育出版社出版的普通高中英语教材——英语必修二中的“Unit 2 The Olympic Game”为例，进行了基于翻转课堂下高中英语写作教学设计的实证分析。由“Unit 2 The Olympic Game（奥运会）”内容可知，本单元的中心话题在于谈论“奥运会”，通过学习使学生对奥林匹克运动会具有一定的认知与理解，掌握奥运会基础知识的同时，学会与之相关的词汇、短语，以及可针对“奥运会”这一主体进行简单的阐述。因此，结合教材教学内容、教学要求以及学生实际情况，所设计的写作任务为“My favorite sport（我最喜爱的体育运动）”。其知识目标为让学生对奥林匹克运动、奥林匹克运动精神具有一定的了解，掌握与之相关的体育运动英语词汇；技能目标为让学生能够根据写作主题，将自己的想法（包括运动项目、喜爱原因、日常表现等等）进行清晰、准确的表达；情感目标为让学生对体育、奥运会具有全面认知，感知体育运动的魅力。

二、教学策略与教学设计流程

根据所设计的教学目标，基于“翻转课堂”特点，展开情境型（Situation type）、任务型（Task-based method）、合作型（Co-operation）、探究型（Discussing）教学，实现读写、说写结合的课程学习。具体分析如下。

（一）借助微课视频实现课堂导入

相对于传统课程教学而言，翻转课堂实现了信息技术在英语写作教学中的科学应用。即，针对课程教学内容，针对学生学习的重点、难点、疑点等知识制作微课视频，从而进行有针对性的教学。与此同时，学生通过微课下载，可实现自主学习，从而提升教师教学质量与学生学习兴趣。而基于微课“短”、“小”、“精”“悍”的特点，可利用微课进行英语写作教学的课堂导入，用以提升学生注意力，培养学生英语学习兴趣。如，本次课前导入则借助微课就北京 2008 年奥运会激动人心的相关事件制作成微视频，引发学生对文本的学习兴趣，并在此基础上引导学生用以往学过的知识，“What do you like doing?”“How do you become good at them?”“What’s your favorite sport?”“Why do you like it?”等句型，就奥运以及自己喜爱的体育运动项目进行探讨。在此过程中学生的学习兴趣得到充分激发，并就本单元学过的体育运动项目词汇、短语进行了复习，为后续写作创作奠定了良好基础。

（二）采用多元化教学方法，强化学生英语写作技能

在学生进行英语写作之前，为学生创设“体育小访谈”情境，即以小组合作学习的形式进行采访场景模拟表演，针对“你最喜爱的体育运动”、“你对奥林匹克的了解”等话题进行采访，为学生营造良好的课堂学习氛围，同时使学生在彼此交流与沟通中形成良好的英语对话思维，调动学生英语学习活动的积极参与性，引导学生进行思考与表达。

在学生进行写作时，教师采用示范教学法，通过优秀范文分析让学生对英语写作句型、基本词汇进行理解与掌握，并在此过程中丰富学生观点，开拓学生写作思维。

（三）构架完善评价体系，实现课后科学评价

在学生完成写作之后，设计“优秀作品评选”活动，通过学生自评、学生互评、教师评价的形式，就学生所学文章进行综合分析。让学生在多元化评价中实现反思，在评价与反思中得到启发，实现语言综合应用能力的提升。

总而言之，教学方法的多元化特色决定了英语写作课程的教学设计的灵活性、多样性。但要想构建高效课堂，达成英语写作教学要求，其教学设计应遵循科学教学原则，基于明确课堂教学目标，针对教学内容、学生实际情况进行实践。本文旨在通过对基于翻转课堂下高中英语写作教学设计的实证分析，实现高中英语写作教学质量的提升以及学生英语写作技能的强化。

三、写作教学中的实践应用

（一）课前推送预学任务：梳理范文框架及相关词汇表达

新授课之前，教师根据本节课的写作任务推送不同的预学任务。预学任务大致可以分为三大类：第一类从文章整体入手，为学生选择适合的范文，学生通过自学范文，了解文

章大意、梳理文章的框架结构及每部分的写作内容，从而让学生掌握不同写作文体的框架结构，学会审题，并合理安排文章的写作内容。第二类从文章细节入手，根据文章不同特点设置不同任务，例如，让学生通过反复阅读范文，收集相关的词汇及语言表达；分类整理范文中的过渡词，思考如何使用好过渡词等等。第三类作为范文或本次写作任务的补充材料提供给学生，不仅能扩大学生的阅读量，也为写作任务的完成提供了更丰富的语言材料。预学任务可根据实际需要自由选择，通过网络平台或学案的形式推送。学生完成预学后，通过网络平台回复预习的收获及困惑，为教师的二次备课提供依据。

（二）课中小组合作：展示交流、解惑答疑、合作探究

课堂中，教师展示学生的预习收获及困惑，及时点评学生预习中值得大家共同学习的地方以及需要改进提高的地方，不断帮助学生建立和完善自己的预学体系。然后，学生以小组为单位，展示预习成果，其他小组补充或质疑。在展示及讲解过程中，学生能更深刻地理解范文，并解决预习中遇到的问题。

在已有的文章框架结构和相关语言表达积累的基础上，学生以小组为单位合作探究，完成写作任务。组长进行任务分解，合作完成本小组习作。小组通过投影，展示本组的习作，其他组同学给予评价，指出其结构及语言表达上的优点和缺点，共同学习。

（三）课后巩固提升：自评、组评和教师评价相结合

课后，学生依据课堂上所学内容和所收集的语言材料，完成自己的写作任务并自我修改形成第一稿。然后，组长组织组内成员之间互评，学生根据其他同学的评价意见，修改自己的习作形成第二稿。初期，教师要对评价要求给予明确指导，强调和引导学生在评改过程中关注习作内容的挖掘和拓展、篇章逻辑的通畅性和合理性，而不仅仅只是针对单词的拼写、语法的正确性以及书写格式的恰当与否等。教师评价学生整理的第二稿，对于学生习作中出现的共性问题课堂解决，并选出有代表性的习作课堂展示，共同学习；对于个性问题课后面批，有针对性地解决。最后，学生再次修改自己的习作，使其更加完善，并在此过程中切实提高自己的写作水平。

新课程改革的目标就是要突出学生的主体地位，培养学生的自主学习能力和英语学科的核心素养。翻转课堂模式在高中英语写作课中的应用，体现了语言的“实践性”和“活动性”，使学生写作的过程成为不断发展、不断提升、不断创造的过程，学生在此学习过程中不断体验到自己的进步与成功。因此，在提高综合语言运用能力的同时，也培养和激发了学生学习英语的积极性和自信心。

第四节　翻转课堂在高中英语词汇教学中的应用

在传统教学模式下，高中英语词汇教学以教师的“教”为主，学生更多的是被动地

接受知识传输。在这样的课堂氛围下，既难以有效培养学生的学习兴趣，也不利于学生充分理解、掌握英语词汇知识。为了提高学生的学习积极性，改善英语词汇教学效果，教师可以采用翻转课堂教学模式，以引导学生主动思考、自主探索，并在合作学习中提升英语素质。

一、重视课前准备

在上课之前，教师要将单元重点词汇挑选出来，并设计难度适中的习题。教师要制作PPT课件和微视频，将微视频上传到视频网站，以便学生自行下载或在线观看。在观看教学视频后，学生要使用导学案和教师设计的习题进行练习。师生可借助网络平台进行课前讨论。

例如，在进行牛津译林版英语教材高二“The universal language”的课堂教学之前，教师要将universal、witness、potential等重点词汇挑选出来，并设计适合学生练习的选择、填空题。教师可制作微视频，对单词的概念、用法和语境等基础知识进行说明。在制作视频的过程中，教师要控制好视频时间和词汇数量，可以在视频中插入图片、音频等，既保证了视频的视觉效果，又便于学生直接获取词汇信息。视频上传后，学生要自主进行学习，并做好练习题，以巩固词汇知识，及时发现学习中存在的不足。期间学生可以通过网络平台与教师、同学进行在线交流讨论。如果条件允许，学生应将自己做好的练习题及时上传给教师，以便教师根据反馈信息对课堂内容和环节进行调整、改进。

这样学生可以通过预习提前熟悉词汇教学内容，形成关于重难点知识的初步印象，对其积极融入课堂词汇教学十分有帮助。同时，对教师来说，也可以通过学生的反馈信息了解学生的问题，并将此作为教学设计的部分依据，有针对性地完善教学内容和环节，从而进一步提升词汇教学的科学性和有效性。

二、做好课中教学

首先，教师要有针对性地讲解学生提出的问题。其次，学生要围绕教师提出的问题进行自主探索和小组合作学习。在学生探索学习的过程中，教师要密切留意学生的学习动态和讨论情况，并适时进行引导。

例如，在进行牛津译林版英语教材高三“Law and order”的词汇教学过程中，教师可以直接为学生讲解expand、involve、criminal等词汇的概念性问题，而有关这些词汇的用法、相近词汇的异同等重难点问题，教师可以先让学生分组讨论，然后以学生讨论结果为依据进行补充讲解。在学生探究学习过程中，教师要走进学生，实时关注学生的学习动态，尤其是在学生合作学习时，要重视学生的分组讨论情况，及时进行指导。如在小组合作探究过程中，学生会主动思考、积极发言，但难免会有偏离主题等情况，这时教师要适时加以指导和点拨。

三、深化师生评价

在结束一堂课的词汇教学后，教师要指导学生做好课堂小结和评价。在课堂小结过程中，教师要组织学生填写自我总结表格。在课堂评价过程中，教师要对学生课堂学习表现进行评价，同时也要指导学生进行互评，鼓励学生对教师授课情况做出评价。例如，在完成牛津译林版英语教材高一“School life”的词汇教学以后，教师可以让学生填写事先设计的总结表格，使学生能够对这堂课自己的词汇学习情况进行总结，做出自我评价。同时，教师可以让学生以小组交流的方式对小组成员的学习表现进行互评。然后，教师再根据学生在自主探索和小组合作学习过程中的表现，对学生的词汇学习情况和课堂表现做出综合评价。最后，教师可以让学生以口头发言或书面评价的方式对授课情况进行评价。这样有利于教师及时获取学生反馈信息，充分把握学生的词汇学习情况和自身授课情况。

四、加强课后反思

在课后，学生要温习教学视频，并对课前做过的练习题进行回顾，以便通过查漏补缺做好课后反思，认识到自身的不足，更好地实现对词汇知识的巩固和内化。例如，在学习了牛津译林版英语教材高二“The environment”后，学生要再次观看微视频，并回顾导学案和教师设计的习题，以了解自身对相关词汇的掌握情况，并据此改进、完善自己的词汇学习方法。此外，学生可以找相关题目进行练习，以便能够在练习中巩固知识，发现自身的不足，不断提升自己的英语词汇应用水平。

随着新课改的不断深入，传统的教学模式和方法已经很难实现高中英语词汇教学的目标，也无法充分满足学生对英语词汇学习的需求。对此，教师可以应用翻转课堂模式进行英语词汇教学，为学生创造一个轻松、愉悦的英语词汇学习环境，积极引导学生自主学习、独立思考，从而有效提升高中英语词汇教学效率和质量。

参考文献

[1] 伯格曼，萨姆斯．翻转课堂与 MOOC 教学：一场正在到来的教育变革 [M]. 宋伟，译．北京：中国青年出版社，2015.

[2] 伯格曼，萨姆斯．翻转学习：如何更好地实践翻转课堂与 MOOC 教学 [M]. 王允丽，译．北京：中国青年出版社，2015.

[3] 全国十二所重点师范大学．教育学基础 [M]. 3 版．北京：教育科学出版社，2014.

[4] 程可拉，刘津开．中学英语任务型教学理念与教学示例 [M]. 广州：华南理工大学出版社，2003.

[5] 李宁，雷旭波 .2013 年普通高等学校招生全国统一考试大纲的说明 [M]. 北京：高等教育出版社，2013.

[6] 顾燕．小学英语教师课堂即时评价对学生学习兴趣的影响研究［D］. 重庆大学，2010.

[7] 陈慧．翻转课堂在高职英语教学中的应用研究［D］. 长沙：湖南师范大学，2016.

[8] 白晓云．高中英语语法翻转课堂教学模式的行动研究 [D]. 上海师范大学，2017.

[9] 吴钰．高中英语语法翻转课堂教学模式的应用研究 [D]. 福建师范大学，2017.

[10] 张小丽．翻转课堂在高中英语语法教学中的应用 [D]. 西北师范大学，2016.

[11] 周骞．基于语料库的当代中国大学英语教材词汇研究 [D]. 上海师范大学，2012.